위험한
이웃

위험한 이웃

—왜곡된 정의감으로 타인을 지배하려는 사람

초판 1쇄 인쇄 2017년 6월 9일
초판 1쇄 발행 2017년 6월 16일

—

지은이 우메타니 가오루(梅谷薫)
옮긴이 이수형
펴낸이 이방원
기 획 이윤석
편 집 홍순용 · 김명희 · 강윤경 · 윤원진
디자인 손경화 · 전계숙
마케팅 최성수

—

펴낸곳 세창미디어
출판신고 2013년 1월 4일 제312-2013-000002호
주소 03735 서울특별시 서대문구 경기대로 88 냉천빌딩 4층
전화 02-723-8660 | 팩스 02-720-4579
이메일 edit@sechangpub.co.kr | 홈페이지 http://www.sechangpub.co.kr

—

ISBN 978 - 89 - 5586 - 489 - 2 09190

이 도서의 국립중앙도서관 출판시도서목록(CIP)은 서지정보유통지원시스템 홈페이지(http://seoji.nl.go.kr)와
국가자료공동목록시스템(http://www.nl.go.kr/kolisnet)에서 이용하실 수 있습니다. (CIP제어번호: CIP2017013139)

위험한
이웃

—

왜곡된 정의감으로
타인을 지배하려는 사람

우메타니 가오루 **지음** | 이수형 옮김

세창미디어
MEDIA

목차

제5장 '위험한 이웃' ─ 스쿨 카스트 편

제6장 '왜곡된 정의감'이 악의를 낳는다

당신을 엄습하는 '위험한 이웃'

얼마 전부터 '몬스터 클레이머(Monster Claimer)'란 용어가 알려지기 시작했다. 이는 구매한 상품(서비스)에 대해 사소한 이유로 트집을 잡고 화를 내는, 혹은 점원을 무릎 꿇게 한 뒤 사진을 찍어 이를 온라인상에 올리는 사람을 가리킨다. 아이 교육에 불만을 갖고 학교에서 난동을 부리는 '몬스터 페어런트(Monster Parent)', 병원을 타깃으로 소란을 피우는 '몬스터 페이션트(Monster Patient)' 역시 최근 들어 큰 화제를 모았다.

물론 이 책에서 다룰 대상은 그와 조금 다른 타입의 사람들이다. 이야기를 조금 더 알기 쉽게 하기 위해, 필자는 이들을 '위험한 이웃'이라 부르도록 하겠다.

당신은 최근 '위험한 이웃' 때문에 피해를 입은 적이 있는가? 혹은 '위험한 이웃' 문제로 진지하게 상담을 받아 본 적은? 사실 '위험한 이웃'에는 여러 종류의 사람들이 포함된다. 문자 그대로 이웃에 해당하는 옆집 사람, 혹은 직장에서 일상적으로 얼굴을 마주하는 상사(부하)와 동료. 그리고 일로 엮인 고객과 취미 모임의 멤버, 온라인상에서 알게 된 SNS 친구, 또 가까운 친척 등 …. 물론 이들과 일상적으로 잘 지낸다면야 문제될 게 없다. 하지만 최근 들어 그런 이웃들과의 관계가 악화되고, 일부는 아예 상식선을 넘어 극단적인 방향으로 치닫곤 한다.

혹시 여러분은 무턱대고 어려운 문제가 전가되어 고민한 적은 없었는가? 그들에게 '사내 괴롭힘'을 당하거나 '주변 갈등'으로 심신의 괴로움을 겪은 적은? 또 인터넷에 글을 올렸다가 오해를 사, 불가피하게 개인 블로그를 폐쇄할 수밖에 없던 상황은?

이런 사태는 지금 개인의 범주를 넘어 폭넓게 확산되고 있다. 만일 그것이 회사라고 한다면 하루아침에 '블랙기업'[1] 낙인이 찍힐 수도 있다. 그 경우 매출이나 수익성이 악화될 뿐 아니라 급기야 도산 위기에 처할 수 있다. 한 개인과 기업 범위를 넘어, 현재는 지자체, 국가끼리도 상호 우호적인 관계를 구축하기 힘든 시대로 접어들고 있다. 바로 그것이 우리가 처해 있는 냉엄한 현실이다.

그렇다면 이 같은 '위험한 이웃'은 어떻게 생긴 것일까? 그리고 최근 들어 그런 이웃들이 늘었다고 느끼는 이유는 무엇이며, 그들에 대해 우리는 과연 어떻게 대응해야 할까? 이 책은 그런 의문들에 대해 가능한 구체적이고 현실적인 답을 주고자 한다.

---

1 원래 '고용 불안 상태에서 일하는 청년 노동자들에게 저임금, 장시간 노동 등 불합리한 노동을 강요하는 기업'을 일컫는 말로 쓰였지만, 현재는 '부정·부당한 일이나 정책을 내놓는 불량기업'을 총칭하는 말로 사용되고 있다.

'위험하다'고 느끼는 이유

여기서 조금만 더 생각해 보자. 우리가 '이 사람 위험한 거 같다'고 느끼는 경우는 언제, 무엇 때문일까?

> ① 상대방의 말을 전혀 듣지 않고, 온전히 자기 생각만으로 행동한다.
> ② 타인에게 적의나 증오심을 갖고 있다.
> ③ 분노, 질투 등의 감정을 잘 컨트롤하지 못한다.

이런 사람들의 행동은 대개 '예측할 수 없다', '왜 이 타이밍에 굳이 저런 행동을 할까' 의구심이 생기듯 '예상 밖의 공격'을 당하는 경우가 많다. 우리는 '다른 사람이 어떤 말과 행동을 하는지' 예측하면서 생활한다. '저 사람이라면 이럴 때 이렇게 할 거'라고 생각하면 일단 안심이 되고, 어떤 일이나 요청을 부탁할 수 있다. 하지만 그런 예측이 어긋나거나 상대방의 행동이 돌변한다면 제대로 된 신뢰 관계를 구축하기 힘들다.

물론 내 멋대로 '위험한 이웃'이라고 낙인찍고 싶지는 않다. 하지만 아무리 봐도 그렇게밖에 표현할 수 없는 사람도 개중에는 존재한다. '요주의 인물'이기에 적당히 '거리'를 두면서 '양호한 관계'를 지킬 수 있다면 그것도 나름 괜찮지 않을까? 우리네 인간관계에서는 꼭 친해질 필요도, 그렇다고 굳이 마음의 문을 닫고 아예 차단할 필요도 없는 경우가 대부분이다.

어디서 '문제'가 발생하는가

그렇다면 우리는 어떤 장면에서 '위험한 이웃'을 만나게 될까? 필자는 본문에서 다양한 상황별로 직면하게 되는 '위험한 이웃'의 사례를 들어, 구체적인 '문제'와 그 '대책'을 생각해 보려 한다.

제1장 직장 편

제2장 맨션 편

제3장 주변 갈등 편

제4장 괴롭힘 편

제5장 스쿨 카스트 편

만일 이 책을 읽은 당신이 주변에서 직·간접적으로 겪었던 사례가 있다면, 우선 그 장부터 읽기를 바란다. 제6장부터는 '사람이 악의를 갖는 이유'에 대해 심리학적, 혹은 의학적인 해설을 곁들여 설명했다. 또 제7장 '대책 편'에서는 이 문제를 구체적으로 어떻게 받아들이고, 어떻게 대처해야 하는지를 정리해 봤다.

다시 한 번 말하지만 모든 장을 꼭 순서대로 읽을 필요는 없다. 자신의 경험에 기초해 현재 고민하는 문제를 다룬 장, 혹은 타이틀을 보고 흥미가 생기는 장부터 읽으면 된다.

'위험한 이웃' 문제는 문자 그대로 옆집 사람과의 갈등부터 직장 내 인간관계, 연애, 결혼, 그리고 가족 관계에 이르기까지 실로 폭넓다. 하지만 이처럼 다종다양해 보이는 문제도 결국에는 '자신의 인생을 어떻게 살지'에 관한 문제로 귀결된다.

'위험한 이웃'은 당신의 인생을 자기 생각대로 조종하려는 사람들이다. 그들의 말이나 행동은 언뜻 다양한 패턴처럼 보이지만, 그 결론만큼은 대개 동일하다. 바로 '내가 말한(시키는) 대로 하라'는 것이다. 그러므로 이 책에서 다루는 건, 사실 이웃과의 관계 너머 당신 자신의 '자립'과 '자유'에 관한 문제이기도 하다.

당신은 자기 인생을 온전히 내 것으로 여기며 살고 있는가? 그리고 나를 적대시하며 공격하는 사람으로부터 나와 내 가족을 지킬 수 있는가? 이 같은 각오 위에 구체적인 말과 행동이 수반된다면, 우리는 그것을 '진정한 자유'라 부를 수 있다.

그런 의미에서 이 책은 당신이 진짜 '자유로운 인생'을 살길 바라는 뜻을 담아 완성시킨 결과물이다.

우메타니 가오루(梅谷薰)

제1장

위험한 이웃

—

직장 편

상사의 괴롭힘,
그 첫 번째

'위험한 이웃'을 만나는 장소로, 필자는 일터(직장)를 가장 먼저 들고 싶다. 여기서 말하는 '이웃'이란 바로 당신 옆에서 일하는 동료이거나 옆 책상에서 두 눈 부릅뜬 채 지켜보고 있는 상사, 혹은 당신의 지시를 제대로 따르지 않는 부하 등을 말한다.

이들은 같은 회사에서 근무하고, 같은 목적을 위해 협력하며 일한다. 하지만 실제로는 여러 상황에서 마찰(갈등)을 낳아, 서로 방해하거나 때론 터무니없는 이유로 공격하는 경우가 많다. 과연 이 같은 '위험한 상사', '위험한 동료', '위험한 부하'에게 우리는 어떻게 대처해야 할까? 우선 '위험한 상사'에 관한 사례부터 살펴보도록 하자.

중기는 IT 관련 기업의 젊은 사원이다. 입사 3년차를 맞은 그는 인사이동으로 영업 1팀에 배속되었다. 팀장인 김 부장은 보기 드문 수완가(切れ者)[2]로 장차 임원 후보로도 손꼽히는, 속칭 '에이스'다. 첫 미팅에서 부장은 긴장한 중기에게 웃는 얼굴로 다가와 "잘 부탁한다"며 어깨를 토닥여줬다. 중기는 다행스러운 마음에 조금은 긴장을 풀 수 있었다.

팀에 들어와 보니 김 부장의 유능함은 확실히 특별했다. 다른 영업팀과 비교해 일에 대한 접근 방식부터 달랐고, 필요한 업무 추진과정은 모두 매뉴얼로 만들어 둬 중기도 업무에 무리 없이 녹아들 수 있었다.

이렇게 김 부장은 스마트하고 밝은 인품을 지녔다. 남녀 직원을 불문하고 부하에게 존경을 받는 존재였다. 술 한잔 하기 위해 부하들을 데려갈 때면 항상 세련된 가게로 안내했다. 거기서 일하는 사람들에게도 항상 밝은 표정으로 인사를 건넸다.

"이번에 새로 들어온 우리 팀원이야. 장래가 촉망되는 친구이니 잘 봐 두는 게 좋을 거야."(웃음)

김 부장은 술집 관계자들에게도 중기를 소개해 줬다. 중기는 '좋은 부서에 배속되었다'며 내심 기쁜 마음을 감출 수 없었다.

그렇게 업무에 익숙해질 무렵 팀은 중요한 프로젝트를 맡았다. 다른 팀이 한 번 손댔다가 실패한 경위도 있어, 윗선에서는 '어떻게든 고객사의 신뢰를 되돌려 계속 비즈니스 파트너로 남겨 두라'는 특명을 내렸다. 중기는 그 담당으로 발탁되어 막중한 책임감과 함께 자부심을 느꼈다.

그는 프레젠테이션 자료를 만들기 위해 다양한 부서로부터 정보를 모으고 아

---

2 일본어 '키레모노(切れ者)'는 좁은 의미로 '자신이 모시는 상사의 신임이 두터운 조직 내 세력가'를 뜻하기도 한다.

이디어를 짜냈다. 연속된 철야 작업에도 지친 기색 없이 자료 작성에만 매진했다. 프레젠테이션 당일은 매우 긴장했지만, 그의 발표는 고객사 관계자들로부터 큰 호평을 얻었다. 발표 후 자리로 돌아온 중기에게 김 부장은 악수를 건네며 격려했다.

"훌륭했네. 이 정도면 위에서도 안심할 수 있을 거야."

중기는 지금까지의 노고를 모두 보상받은 듯 기뻤다. 그렇게 회사로 돌아와 사원식당에서 점심식사를 하던 중기는 우연히 다른 부서원들의 대화를 들었다.

"김 부장, 이번에 승진할 거 같더라. 아까 '프레젠테이션이 훌륭했다'는 소문이 벌써 쫙 퍼졌던데. 그 어려운 안건을 혼자 해결해 낸 걸 보니 저래서 다들 김 부장, 김 부장 하나 싶더라고."

중기는 뭔가 이상했다. 프레젠테이션은 분명 내가 했고, 부장은 사전에 한 번 죽 훑어본 게 전부였다. 특별히 충고해 준 것도, 조언해 준 것도 없었다. 그런데 그 프레젠테이션을 김 부장이 했다니… 그것도 혼자. 어느새 내가 일군 성과가 모두 부장의 수완(능력)처럼 되어 버린 것 같았다. 중기는 부하로서 확실히 김 부장을 존경했지만, 노력한 성과까지 자기 것으로 만들어 버린 김 부장을 보며 내심 의구심이 생겼다.

그렇게 뭔가 꺼림칙한 기분이 들자, 김 부장의 행동 하나 하나가 거슬리기 시작했다. 유심히 그의 행동을 살펴본 결과, 김 부장의 업무 방식이 항상 동일한 패턴이라는 점을 알 수 있었다. 부하의 능력은 곧 자신의 능력. 좋은 결과를 냈을 때 간혹 한 턱 쏘는 경우도 있지만, 가장 큰 보상은 줄곧 자신이 가져갔다. 거꾸로 팀의 실수는 곧 부하의 실수였다. 부장의 판단 미스임에도 어느 순간 중기의 실수로 간주되어, 타 부서에 사과하러 가야 하는 경우가 적지 않았다. 그러던 어느 날 타 부서 책임자에게 실컷 욕먹는 상황에서, 평소 조용조용하던 중기도 참지 못하고 이내 폭발해 버렸다.

"그건 우리 부장의 판단입니다. 불만이 있으면 김 부장에게 직접 말씀하세요!"

이후 김 부장에게 별실로 불려간 건 그 다음날이었다. 부장은 처음엔 차분한 어조로 말했다.

"자네, 이 팀에 온 지 얼마나 됐지?"

"6개월 정도 됐습니다."

"6개월이나 있었으면 내 방식을 잘 알 텐데….'"

"잘 알고 있습니다."

"그런데 왜 다른 부서에서 내 욕을 한 거지?"

"욕이라뇨? 저는 욕한 적 없습니다. 이번 일에 대한 책임은 저한테도 있을지 모릅니다. 하지만 부장님이 사전에 OK 하시지 않았나요? 그런데 왜 저 혼자 항상 책임을 져야 합니까? 그 부분에 대해 설명해 주셨으면 합니다."

"음… 자네도 이제 머리가 꽤 컸다 이거구만, 나한테 책임 운운하다니 말이야."

차분한 어조 속에 감춰진 김 부장의 증오를 느끼며 중기는 내심 떨었다.

"그동안 내가 좀 예뻐해 줬더니만, 기르는 개가 주인 손을 문다는 게 이런 거 였구만. 자, 그럼 자네도 어떤 후폭풍이 있을지 잘 알고서 이런 이야기를 했겠 지? 본인이 한 행동의 의미 정도는 잘 생각해 두는 게 좋을 거야."

중기의 등에는 어느새 식은땀이 흘렀다.

독 이 되 는 상 사

'독이 되는 상사(毒になる上司)'를 우리 주변에서 자주 볼 수 있다. 사내 인간관계에 대한 스트레스로 병원을 찾은 이들의 이야기를 들어 보면, 상사의 실수를 대신 뒤치다꺼리하거나 터무니없는 과제가 주어져 매일 밤늦게까지 일하는 이들이 적지 않다.

출세 경쟁이 심한 회사에서는 '실패는 곧 탈락'이라고 여겨진다. 그래서 부하에게 책임을 전가하고, 자신은 책임 소재에서 쏙 빠지는 이(상사)들의 이야기를 심심치 않게 듣곤 한다. 자신의 상사에게는 아부하면서, 반항하기 힘든 부하를 억압하는(폭언하는) 이들이다. 이에 그 부하들은 엄청난 스트레스로 불면증에 시달리거나 우울증 상태에 빠져 의사를 찾게 된다.

그런데 문제의 상사들을 직접 만나 이야기를 들어 보면 상황 인식 자체가 전혀 달랐다. 상사에게 그 이야기를 하자 "자신은 부하를 배려했고, 우울증을 앓던 부하를 무사히 복직시킨 경험도 있다. 간혹 따끔하게 꾸짖긴 하지만, 그것도 다 부하에게 애정이 있기 때문이다. 우울증을 앓는 건 그만큼 선배들이 오냐오냐 해 주며 키운 탓인데, 요즘 젊은 친구들은 참 나약하다"고 답한다.

처음 그 이야기를 들었을 때 나도 무척 당황했던 기억이 난다. 이들이 날카로운 문제 제기에 당황한 나머지, 대충 둘러대는 줄로만 알았다. 하지만 같은 경험을 몇 차례 반복하자 '그런 상사들에게는 어떤 종류의 공통점이 있는 게 아닐까' 하는 생각이 들었다.

상사들은 "직장은 전쟁터"라고 말한다. 확실히 현대 사회의 치열한 경쟁 속에서 대기업조차 생존이 쉽지 않은 시대다. 하지만 그렇다고 부하에게 책임을 전가하고 이들의 나약함만을 탓하는 게 옳은 일일까? 그런 최소한의 사실조차 깨닫지 못하는 이유는 도대체 무엇일까?

중기도 그런 '터무니없는 상사'에게 데인(?) 사람 중 한 명이었다. 사례로 든 김 부장은 사내에서 우수한 인재로 평가받아, 그 팀에 발탁되는 건 중기에게 더할 나위 없는 영광이었다. 하지만 김 부장의 명성은 사실 부하들의 노력과 실적을 자기 걸로 가로챈 덕이 컸다. 자신에게 좋은 이야기만 날조해 '일종의 만들어진 전설'이라는 점을 중기가 깨닫기 시작한 것이다.

그런데 왜 이렇게 어처구니없는 방식이 아직까지도 통용되고 있을까? 또 김 부장 본인은 악의 없는 표정으로 왜 이런 악랄한 짓거리를 하고 있는 것일까?

당신 옆의
'위험한 상사'

'직장에서 가장 큰 스트레스가 무엇이냐'고 질문하면 대부분 '상사 이름'을 제일 먼저 드는 경우가 많다. 그만큼 직장인에게 상사는 스트레스의 근원이 되기 쉬운 존재다. 그렇다면 도대체 상사의 어떤 점이 스트레스가 될까. 여기서 당신의 상사가 가진 문제점에 대해 몇 가지 들어 보도록 하자.

① 무리한 임무나 어려운 문제를 회피한다.
② 지시사항이 매번 바뀐다.
③ 상사에게는 굽신굽신거리면서 부하에게는 위세를 떤다.
④ 성과는 독점하면서 책임은 부하에게 전가한다.
⑤ 무슨 말을 하는지 도통 파악하기 어렵다.

만일 위 항목이 전혀 해당되지 않는다면, 그 사람은 괜찮은 상사라 할 수 있다. 대개는 하나, 혹은 둘 정도는 해당되는 상사가 많다. (아마 그 이상도 많을 것이다.) 만일 당신이 상사라면, 자신은 이 중 몇 가지나 해당되는지 잘 생각해 봤으면 한다.

또 '위험한 상사'가 되기 쉬운 조건을 들어 보자.

① 생각이나 행동이 독단적이다.
② 자신을 비난하는 사람은 절대 봐주지 않는다.
③ 뒤에서 숙덕숙덕하는 짓(음습한 뒷거래나 권모술수)을 잘한다.
④ 부하가 무슨 말을 해도 전혀 들을 생각이 없다.
⑤ 라이벌을 배제하는 데 이상하리만치 집착한다.

이런 상사는 당신 주위에 얼마나 있을까? 구체적으로 몇 사람의 이름이 떠오른다면 당신도 자신의 안위(?)를 위해 각별히 주의해 두는 편이 좋다. 이런 타입의 상사는 '자신을 적대시하는 놈'이라는 딱지를 상대방에게 한번 붙이면, 그 사람을 회사에서 쫓아낼 때까지 철저하게 괴롭힐 가능성이 높기 때문이다.

'위험한 상사'에 대한
3가지 대응책

　만일 당신의 상사가 이처럼 '위험한 상사'라면 어떻게 대처해야 할까. 당신 자신의 경험에 비춰 어떤 대응이 좋은지를 생각해 보면 아마 몇 가지 패턴이 떠오를지 모른다.

① '분부대로' 우선은 수용한다.
　이 타입의 상사에게는 '입바른 소리'로 그 즉시 응수했다가는 곤란한 상황에 빠지기 십상이다. 우선 그들은 남(특히 부하)의 말을 들을 생각이 없어, 자신에 대한 비판 자체를 절대 용납하지 않는 타입이기 때문이다.
　다소 무리한 요구사항에도 웃으며 "말씀하신 대로 하겠다"고 일단 승낙한다. 물론 어려운 문제를 풀어 나가기란 쉽지 않은 일이지만, 시작도 하기 전부터 기분만 잡쳐 공연히 시간만 질질 끄는 것보다는 훨씬 낫다. 특히 주변이 다소 어수선한 상태라면, 고민 대신 업무에 그 시간을 쓰는 편이 훨씬 더 낫다. 이러한 상태에서 업무를 기한에 맞춰 완성시킬지는 모르겠지만 일단은 열심히 그 일에 임해 본다. '안 되겠다'는 생각이 들어도 그때 가서 생각하는 게 낫다.

실제로 이런 장면은 우리네 회사에서 일상적으로 벌어지고 있다.

② 받긴 받지만 조건을 단다.

물론 어려운 과제를 받을 때 곧이곧대로 수용만 해선 곤란하다. 기한까지 완성하지 못했거나 기대만큼의 수준으로 만족시키지 못한다면 고객사에 되려 큰 피해를 주게 된다. 그뿐 아니라 회사의 신용도에도 적지 않은 타격을 입게 된다. 그러므로 상사의 체면을 손상시키지 않는 범위에서 "알겠다"고 말은 하지만, 그 후에 조건을 다는 방식도 있다.

"기한을 1주일 더 늘려 주시면 더 좋은 결과물을 만들 수 있을 것 같습니다", "(상사인) 부장님이 더 도와주신다면 팀원 모두 사기가 올라갈 것 같습니다" 등등 어떤 조건을 붙인다. 하지만 이 방식은 자칫 '지뢰를 밟을' 리스크도 있다. 이 타입의 상사들은 자신에게 조건을 다는(시험에 드는) 것 자체를 무척 싫어한다. 그렇게 한번 미움을 사면, 이후 업무나 회사생활에 적지 않은 지장을 받을 수도 있다.

③ 필요할 때 '입바른 소리'를 한다.

회사를 위해서라면 다소 불합리하더라도 지시에 따르는 게 조직원으로서의 의무다. 그렇다곤 해도 따르는 데에 일정한 '한계'는 존재한다. 업무 기한이나 수준, 방식에 무리가 따를 경우 '입바른 소리'를 해야 할 때도 있다.

"제 실력으로는 이 기한까지 완성시킬 수 없습니다. 회사를 위해서라도 이 일을 도와주시지 않겠습니까?"

"이 정도 일이라면 누군가의 도움이 꼭 필요합니다. 해당 분야의 전문가를 한 명 붙여 주실 순 없는지요?"

물론 '무턱대고 지르고 보자'는 식으로 이야기해선 곤란하다. 어쩌면 완고한 상사에게 잘못을 인정케 하는 것 자체가 무리일지 모른다. 더구나 상사가 자신을 비난한다고 간주하면 절대 가만있지 않을 것이다.

이때 '입바른 소리'를 밀어붙이는 과정에 '말이 통하기 쉬운 방식'을 취할 필요가 있다. 상사의 심리나 상황을 봐 가면서 적절한 단어 선택으로 적절한 주장을 편다. 물론 쉽지 않은 일이지만, 꼭 한번 도전해 봤으면 한다.

상 사 의   괴 롭 힘 ,
그   두   번   째

어느 날 중기가 있는 회사에 '비상사태'가 발생했다. 중요한 고객사가 개발 중이던 새로운 프로젝트 내용이 외부로 유출되고 만 것이다. 유출된 곳은 라이벌 회사였지만, 표면적인 내용에 머물렀기에 다행히 큰 피해 없이 끝났다. 하지만 사내에서는 '그 정보를 흘린 게 중기가 속한 영업 1팀 아니냐'는 의심이 쏟아져 나왔다. 김 부장은 윗선으로 불려간 뒤 사정 청취를 받았고, 이후 사죄를 위해 고객사를 방문했다. 여기에 '중기도 함께 동행하라'는 지시가 내려왔다.

"자네는 관계없으니 그저 옆에서 조용히 있기만 하면 돼."

김 부장의 어조는 평소와 달리 차분했다. 사태를 크게 비관하지 않는 모습에 중기도 내심 다행이라고 여겼다. 하지만 고객사 측의 반응은 예상을 뛰어넘었다. '정보 유출을 곧 자사의 사활 문제'로 간주하며 구체적인 대책 마련을 요구했다. 회사로서는 '반드시 원인을 규명해 두 번 다시 같은 일이 벌어지지 않도록 하겠다'는 식의 각오를 보여 줘야 했다.

"죄송합니다. 이 친구가 담당하던 일이었는데, 귀사에 적잖은 실망을 안겨 드렸습니다. 제 관리 역량이 부족했던 탓이지만, 이 친구의 행위가 귀사에 큰 피해를 안겨 드릴 뻔했습니다. 자네, 뭐하고 있나. 어서 제대로 사과드리지 않고!"

중기는 당황하면서도 고객사의 책임자 앞에서 머리를 조아리며 "진심으로 사과드린다"는 말을 반복할 수밖에 없었다. 갑작스러운 사과와 부장의 질책에 중기의 체면은 이미 말이 아니었다.

그 후 회사로 돌아왔지만, 중기는 김 부장의 처사에 큰 충격을 받았다. 팀 리더로서 일정한 책임을 져야 할 입장이면서도, 그 죄를 부하에게 덮어씌우고 자기는 책임을 회피하려 한 것이다. 중기는 억울하기도 하고 후회가 되기도 했다. 너무 화가 나고 분해서 잠자코 있을 수 없었다.

사내에 돌고 도는 소문으론 '입이 가벼운 김 부장이 라이벌사 관계자와 이야기하던 중 비밀을 누설한 게 아닐까' 하는 억측이 나돌았다. '이대로는 자신의 승진에 영향을 줄 수 있겠다고 판단한 김 부장이 먼저 수를 썼다'는 것이다. 하지만 이유 여하를 막론하고 부하를 외면한 채 자기만 책임에서 벗어나려는 비겁한 행동을 중기는 절대 용서할 수 없었다. 이에 중기는 "중요하게 드릴 말씀이 있다"고 김 부장에게 말했다. 조용한 곳에서 이번 일에 대해 차분히 이야기하고 싶었다.

"이번에 부장님이 하신 방식은 불공평했던 것 같습니다. 저에게도 책임을 지라고 하면 얼마든지 지겠습니다. 하지만 이런 방식으로 사람을 몰아세우고 책임을 전가하는 건 너무하지 않나요?"

김 부장은 물건 고르듯 중기의 얼굴을 한 번 주욱 훑어봤다. 그리고선 따지듯이 대꾸했다.

"그래? 그런 자네는 그 자리에서 더 좋은 방법이 있다고 생각하는가?"

"좋은 방식이 딱히 떠오르는 건 아니더라도 그렇게 해결하는 방식은 잘못되었
 다고 생각합니다. 부장님이 솔선수범해 먼저 상대방에게 성의를 보이고자 노
 력했다면 상황이 조금 더 달라지지 않았을까요?"

"뭐라고? 자네, 이게 무슨 애들 장난인 줄 알아?"

큰 소리와 함께 책상 위의 꽃병이 떨어지며 깨졌다. 김 부장의 화내는 목소리
가 터져 나옴과 동시에 벌어진 일이었다.

"자네 같은 애송이가 함부로 그런 소릴 지껄이다니, 그냥 잠자코 상사가 시킨
 대로나 해! 그게 밑의 놈이 해야 할 역할이야. 저번부터 자네 태도가 아주 마
 음에 안 들었어. 확실히 말해 두지! 자네는 우둔한 거야. 우둔하다는 게 뭔 소
 리인지는 아나? 어리석고 둔감한 놈, 그게 바로 너야!"

김 부장은 부하의 문제 제기에 속이 뒤틀렸는지, 중기를 모욕하고 매도했다.
이에 중기는 엄청난 충격을 받았고, 아무 말도 하지 못한 채 멍 하니 서 있어야
만 했다.

자기 자리로 돌아온 뒤에도 중기는 절망감에서 헤어 나올 수 없었다. 신뢰하던
상사에게 내 존재 자체를 부정당한 느낌이었다. '앞으로 어떻게 해야 할까?' 중
기의 머릿속은 혼란스러워 좀처럼 일이 손에 잡히지 않았다.

"왜 그래? 어디 안 좋은 거야? 잠깐 밖에 나가서 기분 전환 좀 하고 오지."

김 부장의 목소리가 어느새 귓가에 날아들었다. 조금 전만 해도 미친 사람마냥
화를 내고 욕하던 놈이 언제 그랬냐는 듯 사람 좋은 미소를 띠고 있었다.

'어쩜 저렇게 사람이 180도 달라질 수 있을까? 혹시 이 모든 게 부장의 '연극'
이 아닐까?' 중기는 곤혹스러운 마음이 좀체 가시질 않았다.

타인을 조종하고
지배하는 것이 최고의 기쁨!

이 사례를 보면 '김 부장에게는 사회인으로서 커다란 결함이 있다'는 사실을 알 수 있다. 하나는 '갑자기 감정이 폭발하는 점'이다. 조금 전까지 조용조용히 이야기하다가 어떤 단어 하나, 사소한 태도 하나에 반응해 불같이 화를 낸다. "나를 바보로 보는 거 아냐?", "나를 열 받게 하고 싶은 거야?" 등 상대방이 깜짝 놀랄 만큼 화를 내는 것이다.

확실히 '화'라는 감정은 갑자기 터져 나오기에 막을 수 없다. 어느새 정신을 차리고 보면 이미 큰 목소리를 냈거나, 상대방에게 씻을 수 없는 상처를 입힌 경우가 많다.

하지만 김 부장이 화내는 방식은 '도를 넘었다'고 볼 수 있다. 이런 타입의 상사에게 고통 받는 이들의 이야기를 들어 보면 "무섭고 사나운 그 모습을 보고 있노라면 날 죽이지 않을까 덜컥 겁이 났다", "살면서 그렇게 무

서웠던 적이 없었다"는 감상을 털어놓는다.

또한 그 '화'는 갑자기 사라져 버리기도 한다. "사람 없는 데서 불같이 화를 내다가도, 갑자기 웃는 얼굴로 '식사하러 가자'고 말한다. 도리어 그 돌변한 모습에서 섬뜩함마저 느꼈다"는 이야기를 들은 적도 있다.

또 하나는 '사람 감정에 대한 배려가 없는 점'이다. 아니, 그런 점에 대한 최소한의 자각조차 없다.

"모두가 있는 자리에서 가르쳐 준 거죠. 그럼 절대 잊어버리지 않을 테 니까요. 저 나름대로 그 친구를 많이 배려했다고 생각합니다. 그런데 거기에 원망을 하다니요?"

이런 부류의 상사들은 '면전에서 망신을 주면 본인이 얼마나 충격을 받을 지, 또 팀의 사기가 얼마나 떨어질지' 그런 최소한의 배려 자체가 없다. 게 다가 자기 마음속에서 '상대방을 위한 일'이라는 식으로 합리화하고 있다. '자신은 좋은 상사'라고 애써 자위하는 경우도 많다. 이들은 어쩌면 '사람을 조종하고 지배하는 행동에서 극도의 기쁨을 느끼는 타입'일지 모른다.

김 부장도 자신의 출세를 위해 '쓸 수 있는 건 다 쓴다'는 식의 사고방식 을 갖고 있다. 이를 위해서는 우수하면서도 자기 명령에 절대복종하는 부 하가 필요하다.

중기는 우수했지만, 중요할 때는 상사에게 맞서는 '건방진 부하'였다. 아 무리 똑똑하고 열심히 해도 김 부장의 눈에는 그렇게 비칠 뿐이었다. 그런 사람에게 '자신의 뜻을 거스르면 어떻게 될지' 각인시킨다. 그리고 웃는 얼 굴 뒤에 감춰진 '화'가 순간적으로 폭발한다. 김 부장의 폭력적인 위협에 중기가 치를 떠는 것도 결코 무리는 아니다.

이 타입의 상사는 부하를 위협해 '공포'로 지배하려 하고, 관련 없는 이들에게는 '인기'를 얻는다. 그리고 능력 있는 놈은 실적으로 '존중'하고, 자기 뜻을 거스르는 놈은 '위협'한다. 그것이 권력(승진)으로 가는 지름길임을 그들은 본능적으로 숙지하고 있는 것이다.

결국 중기는 김 부장이라는 '터무니없는 상사'와 충돌하고 말았다. 그로선 결코 불운하다고밖에 말할 수 없는 사태다.

'위 험 한 상 사'를
적 으 로 돌 렸 다 면?

'위험한 상사'를 적으로 돌렸을 때는 어떻게 하면 좋을까? 이것은 보통의 사과나 변명으로 끝날 이야기가 아니다. 그들이 위험한 건 한번 '적'이라고 인식하면 상대방에 대한 공격을 멈추지 않는다는 것이다. 그가 쓰러져 완전히 나가떨어질 때까지 말이다. 이런 상황에 빠진 경우, 당신이라면 어떻게 행동할까. 이를 몇 가지 패턴으로 나눠 생각해 보자.

① 계속 사과한다.

일반적인 사과로 수습되지 않는 레벨이라면 몇 번이고 사과를 반복한다. 대개 이 타입의 상사는 '순간 급탕기(瞬間湯沸かし器)'[3]로 불리는 경우가

---

3 瞬間湯沸かし器: 불같이 화를 냈다가 금세 화를 푸는 사람을 비유.

많다. 한번 화가 나서 난리를 친다 해도, 이를 계속 두고두고 가져가는 타입은 아니다.

때론 '일시적인 감정에 너무 화를 낸 건 아닌지' 스스로 반성할 가능성도 있다. 그래서 우선은 계속 머리를 조아리고 사과하면서 잠시나마 머리를 식힐 시간을 번다. 그러면 조금 냉정해진 시점에 관계 개선을 위한 어떤 계기를 마련할 수 있다. 이것도 하나의 방법이다.

② 피난처를 찾는다.

만일 그 상사가 '흉악하고 난폭한 인물'로 알려져 있다면 사내에 '적대 세력'이 존재할 가능성이 크다. 언뜻 스마트하고 적이 없을 것처럼 보이는 사람도, 잘 살펴보면 그 상사를 '좋지 않게 사람'이 반드시 존재한다.

자신이 속한 부서만 둘러보면, 주위에는 상사의 '예스맨'처럼 굴면서 자기편이 되어 주지 않을 것처럼 보이는 사람이 있다. 하지만 그런 상황에서도 잘 살펴보면 상사의 라이벌인 과장이나 부장, 경우에 따라서는 사장이 반드시 있다. 만일 상사의 미움을 받아 출근하는 것조차 싫어진다면 그런 사람들에게 상담해 보는 것도 좋다. 그 나름대로 충고해 줄 부분도 있고, 자기 부서로 이동할 수 있게 손을 써 주는 경우도 있다.

물론 말처럼 모든 것이 쉽게만 이뤄지진 않는다. 최악의 경우 '파벌 싸움'에 연루되어 각 파벌마다 멀리할 수도 있다. 또 피난처랍시고 간 곳의 상사가 실은 더 심한 상사일 수도 있다. 그럼에도 '자기 의지로 피난처를 찾았다'는 행위 자체에 큰 의미가 있다고 나는 생각한다.

노예처럼 누가 이야기한 대로만 움직이는 삶에서는 결코 자부심을 가질 수 없다. 자신의 행선지는 스스로 찾는다는 생각과 행동은 충분히 존중받아야 마땅하다.

③ 도망친다.

'도망친다'는 말을 들으면 괜히 비겁하고 비루해 보일 수 있지만 분명 중요한 선택지 중 하나가 될 수 있다. 이 책에서 나는 '상사와 맞서라', '상사에게 타격을 주라'고 쓰고 싶지만, 실제로는 그렇게 하기 힘들다. 그렇게 할 수 있을 정도였으면 애당초 본인이 상사가 되어 있을 것이다. 따라서 '위험한 상황에서 일정한 거리를 둔다'는 선택지는 이 경우 매우 좋다고 할 수 있다.

옆 부서의 상사에게 구제 받는 것도 좋고, 과감히 회사를 관두는 선택지도 잊어선 안 된다. '이런 나를 거둬 줄 회사가 있을까?' 고민하는 사람도 있지만, 지금 직장에서 산화되어 버리기보다는 기력이 조금이라도 남아 있을 때 다른 회사로 이직하는 것도 좋은 방법이다.

간혹 '몸과 마음에 병을 앓으면서도 끝까지 버티는' 선택지를 택하는 경우도 있다. '아침에 출근하는데 두통이 생기고 구역질이 나서 전철을 탈 수 없었다', '회사에 도착하자마자 위가 아파서 일에 집중할 수 없었다'는 증상에 이르면 상황은 심각하다. 이 경우 일단은 '당신 몸부터 챙기라'고 조언하고 싶다.

병원에서 '우울증'이라는 진단이 나오면 3개월 정도 회사를 쉬게 된다. '인간관계 스트레스'로 판단되면 다른 부서로 이동하는 경우도 많다. 일부에서는 이런 제도를 악용하는 사람이 있고 "꾀병으로 그냥 쉬려는 거 아니냐"며 색안경을 끼고 보는 상사도 있다. 하지만 절대로 여기에 굴해선 안 된다. 오히려 '몸은 솔직하기에 나도 더 솔직해져야 한다'고 생각하며, 앞으로의 진로를 신중히 고민해 보는 편이 훨씬 더 좋다.

천 부 적 인
거 짓 말 쟁 이

어느새 중기는 건강을 해치고 말았다. 밤마다 제대로 잠을 잘 수 없었다. 잠이 든 뒤에도 계속 악몽에 시달렸다. 김 부장이 나타나 상냥한 목소리로 "자, 이번에는 더 큰 프로젝트에 도전해 보자"고 말한다. 하지만 함께 일하려 해도 중기의 발이 움직이지 않아 아무것도 할 수 없었다. 그러자 부장은 표정을 일그러뜨리며 소리친다.

"넌 역시 뭘 해도 안 되는 놈이야! 참 우둔한 놈이지. 그럴 거면 그냥 죽는 게 낫지 않아?"

땀에 흠뻑 젖은 채로 눈을 뜬 게 몇 번이고 계속되었다. 중기는 회사 보건실을 찾아 보건의와 상담했다.

"잠을 잘 수 없고 우울한 마음에 일이 손에 잡히지 않는다? 내가 보기엔 가벼운 우울증 같네만. 자네, 어느 부서지? 아, 맞다. 김 부장 직속인가? 역시 그랬구만… 자네가 이번 희생자, 아니 환자인 이유를 알겠네."

보건의는 '또 그 팀원이야' 하는 표정으로 이야기를 건넸다. '내가 오기 전에도 희생자가 몇 명이나 있었다고?' 중기는 그 사실에 다시 한 번 놀랐다. 김 부장의 방식을 견디지 못한 게 내가 처음이 아니었던 것이다.

사무실로 돌아와 선배 사원으로부터 이전 희생자들에 대한 이야기를 들었다. "바로 옆 팀에 얼마 전 복직한 선배가 그 희생자였다"는 말에 중기는 깜짝 놀랐다. 그는 1년 전 우울증 진단을 받고 한동안 회사를 쉬다가 최근에서야 옆 부서로 복직했다. '그가 빠지면서, 대신 중기가 보충되었다'는 사실 또한 새롭게 알게 되었다.

"좀 말씀드릴 게 있는데, 저와 술 한잔 어떠십니까?"

희생자로 불리는 전임자에게 중기가 말을 걸었다. 그는 의아하다는 표정을 지으면서도 중기의 제안에 응했다.

중기가 그간의 사정을 털어놓자, 전임자인 진수는 중기를 안타까워하며 동정했다.

"김 부장 하는 짓이 하나도 안 변했군요. 당신도 꽤나 힘들겠어요. 나처럼 안 되려면 각별히 주의하는 게 좋을 겁니다."

"그 부장이 하는 방식이 항상 그럴습니까?"

"그래요. 부하를 짓밟고 자기가 늘 그 위에 올라서죠. 항상 그런 식이에요. 나도 처음엔 좋은 인상을 받았죠. 아니, 모두가 그렇게 생각하고 있습니다. 스마트하고 좋은 사람이라고. 그런데 가까이서 보면 정말 말도 안 되는 소리라는 걸 바로 알게 되죠. 그 사람은 진짜 천부적인 거짓말쟁이라 할 수 있죠. 정말 타고났어요."

"천부적인 거짓말쟁이?"

"네, 아마 자기 자신도 속이고 있을지 몰라요. 아니, 그만큼 거짓말을 잘하죠. 자신을 지키기 위해서라면 그 어떤 거짓말도 태연하게 합니다. 그런 행동에 일말의 죄책감마저 느끼지 않아요. 양심의 가책이란 말은 아마 그의 사전에 없는 말일 겁니다."

"그런데 김 부장은 왜 그런 거죠?"

"글쎄요. 저도 도통 이해를 할 수 없어요. 여하튼 그 사람은 늘 자기 것만 생각해요. 언뜻 상냥하고 친절하게 대해 주지만, 그건 자신에게 이용가치가 있는 경우에 한해서입니다."

"이용 가치가 없으면 정말 비참해지는군요."

"그래요. 나도 2년 동안 그가 시키는 대로 열심히 일했죠. 하지만 그 내막을 알고 나선 우울증에 걸렸고, 결국 그에게 내쫓긴 거죠."

"저는 제가 무능하다고 자책하고 있었습니다."

"그럴 필요 없어요. 스스로를 책망할 필요는 전혀 없습니다. 나쁜 상사에게 데였다 생각하고, 지금은 그저 잘 참는 것이 좋을 거예요."

진수의 말에는 힘든 경험을 하고 난 사람 특유의 무게감이 있었다. 그의 말에 중기는 조금이나마 위안을 얻을 수 있었다.

'사이코패스 상사'를
조심하라!

이 장에서 다룬 김 부장은 조금 특이한 캐릭터라고 할 수 있다. 언뜻 스마트하고 일을 잘하며, 여성들에게 인기도 많다. 하지만 그 속을 들여다보면, 이용 가치가 떨어진 부하를 바로 외면할 만큼 냉혈한의 얼굴을 감추고 있다. 상대방이 쓰러질 때까지 공격하고 또 괴롭힌다. 게다가 천부적인 거짓말쟁이. 과연 어디까지가 진짜 본모습인지 알 수 없다. 아니, 이런 사람은 스스로도 어떤 게 진짜인지 잘 모르지 않을까?

이처럼 '위험한 캐릭터'를 가진 상사를 간혹 우리 주변에서 보게 된다. 최근 들어 이 타입을 '사이코패스(Psychopath)'라 통칭해 부른다. 이처럼 특이한 인격체가 갑자기 늘어난 이유는 무엇일까? 바로 그 부분에 대한 논의가 최근 들어 활발히 이뤄지고 있다.

'사이코패스'라는 말을 들으면 언뜻 '잔악하고 냉혹한 살인마'라는 인상이 강하다. 하지만 이는 사이코패스 특징을 가진 살인범이 등장하는 영화의 이미지가 지나치게 강하기 때문일 것이다. 예를 들어 천재적인 정신과 의사이면서 엽기적인 연쇄 살인범이 죽인 사람의 장기까지 먹는, 극단적으로 모순된 인격을 가진 인물로 영화화된 토마스 해리스(Thomas Harris, 『양들의 침묵』, 『한니발』 등으로 유명한 극작가-옮긴이 주)의 소설에도 자주 등장한다.

캐나다의 심리학자 로버트 헤어(Robert D. Hare)는 사이코패스에 대한 선구적인 연구를 통해 세계적인 명성을 얻었다. 그가 1993년에 쓴 『진단명 사이코패스』는 이 문제에 관한 기본 문헌으로 잘 알려져 있는 책이다. 교도소에 복역 중인 죄수들을 오랜 기간 연구한 그는 다음과 같은 결론에 도달했다. '사이코패스는 북미 지역에만 대략 이삼백만 명 정도 있다. 이 중 연쇄 살인을 일으키지 않은 사이코패스가 압도적으로 많다.'

사실 압도적 대다수의 사이코패스는 사회에서 '보통 사람'처럼 생활하고 있다. 게다가 사회적 성공을 거둔 사이코패스도 상당히 많다고 알려진다. 제임스 블레어(James Blair)의 『사이코패스 ― 감정과 두뇌』에서 소개된 연구에 따르면, 미국의 사이코패스는 남성의 0.75%, 여성의 0.25%라고 한다. 또 사이코패스 성향을 보이는 사람은 1.23-3.46%로 추정되고 있다. 이 가운데 죄를 범해 교도소에 들어가는 건 극히 일부에 지나지 않는다. 즉, 대부분의 사이코패스는 범죄자가 아니다.

이 수치를 일본 인구에 대입하면 대략 150만-450만 명 정도의 사이코패스, 혹은 그에 가까운 사람들이 존재한다는 계산에 이른다.[4] 50-100명 정도의 직원이 재직하는 직장에서는 1, 2명 정도가 그런 사이코패스적인 특징을 갖고 있는 것이다. 물론 이 수치는 어디까지나 단순 시산을 통해 산

출된 결과다.

그들은 범죄를 저지르지 않고 사회생활에 순응하고 있다. 하지만 그 '사이코패스 사고'나 독특한 행동 양식으로 인해 어떤 면에서는 사회를 위해 공헌하고, 또 어떤 면에서는 주위 사람들에게 큰 피해를 입힐 가능성이 상존한다. 김 부장도 그런 사이코패스적인 면모에 따라 회사 실적에 기여하는 한편, 동시에 부하를 잇따라 우울증에 걸리게 만드는 그림자도 함께 갖고 있는 것이다.

---

4   이를 우리나라에 대입해 보면 2016년 기준 인구 5080만 명 중 약 62만 명에서 175만 명이 해당된다고 할
    수 있다.

감 정 이   결 여 된
사 람 들

그렇다면 사이코패스라 불리는 사람들의 뇌 속에는 도대체 어떤 일이 벌어지고 있는 걸까.『괴물의 심연』을 쓴 제임스 팰런(James Fallon)은 자신을 포함해 '사이코패스'의 뇌 그림을 분석한 결과, '통상적인 사람들과 비교해 안와/복측 전두전피질(眼窩/腹內側部 前頭前皮質)에서 편도체(扁桃體)에 걸친 활동이 저하되고 있다'는 점을 깨달았다. 이 영역의 활동이 저하된 결과 '충동성'이 높아지고, 타인과의 '감정 공유'에 커다란 장애가 생길 가능성이 높아졌다는 것이다.

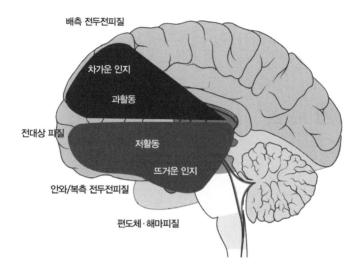

배측 전두전피질

차가운 인지

과활동

전대상 피질

저활동

뜨거운 인지

안와/복측 전두전피질

편도체·해마피질

　또 그림에서 보여 주듯, 사이코패스의 대뇌에서는 '복측 전두전피질'의
기능이 저하되어 '정동(그 영향이 신체에 나타날 만큼 강렬한 일시적 감정)에 관한
인지(=뜨거운 인지)'가 어려워진다. 대신 '배측 전두전피질(背側前頭前皮質)'은
과활동 상태가 되어 '이성적인 인지(=차가운 인지)'가 활발해진다. 그 결과로
서 '양심의 가책'이나 '공감'을 동반하지 않는, 냉정한 판단이나 행동을 할
수 있고 타인을 자유자재로 조정할 수 있는 것이다.

'사이코패스 상사'
구분법

다음의 리스트는 앞서 이야기한 로버트 헤어가 '사이코패시 판정 도구(PCL-R)' 속에서 보여 준 '사이코패스의 특징'이다. (※일부 개정. 범죄형 사이코패스의 진단 척도라는 점에 주의) 당신의 상사나 동료, 혹은 당신 자신이 이 리스트에서 얼마나 해당되는지 확인해 보자.

물론 이것은 어디까지나 하나의 판단 요소이긴 하지만, 만일 리스트 중 10항목 이상 체크했다면 사이코패스적인 인격을 가졌을 가능성이 그만큼 높다고 할 수 있다.

- □ 말주변이 좋아 매력적이라는 소리를 듣는다.
- □ 자기중심적이며, 스스로에게 가치가 있다고 과신한다.
- □ 금세 지루해 한다. 좌절이나 실망에 대한 내성이 약하다.
- □ 태연하게 거짓말을 하거나 사람을 잘 속인다.
- □ 교활하고, 정직함이 결여되어 있다.
- □ 양심의 가책이나 죄책감이 결여되어 있다.

- □ 정서적 깊이가 얕고 감정이 천박하다.
- □ 무신경하고 공감 능력이 결여되어 있다.
- □ 타인에게 기생하는 듯한 생활방식
- □ 성질이 급해 행동을 잘 컨트롤하지 못한다.
- □ 난잡한 성관계
- □ 어린 시절부터 행동상의 문제가 있었다.

- □ 현실적이고 장기적인 계획을 실행할 수 없다.
- □ 충동성이 강하다.
- □ 부모로서 무책임한 행동을 한다.
- □ 여러 번 결혼과 이혼을 반복한다.
- □ 어린 시절 비행을 저지른 경험이 있다.
- □ 자신의 행동에 책임을 지지 않는다.

미 국 대 통 령 도
사 이 코 패 스 ?

　로버트 헤어는 『진단명 사이코패스』속에서 사이코패스에 관한 지금까지의 연구를 정리하며, 사이코패스를 진단하기 위한 테스트를 소개했다. 현재 사용되고 있는 테스트는 '사이코패시 판정 도구'라 불린다. 앞서 소개한 리스트는 그 항목의 일부다.

　다만 사이코패스 진단을 내리기 위해서는 숙련된 전문의가 당사자와 면담한 뒤, 이 기준에 따라 신중하게 판단해야 한다. 따라서 현재로서는 간단하게 '당신은 사이코패스'라는 판단을 내릴 방법이 없다. 또 한 가지 오해하지 말아야 할 건 '사이코패스적인 행동을 했다고 해서 그 사람이 사이코패스라고 단정 지을 순 없다'는 점이다. 몇 가지 유사한 행동을 했다고 이들을 '냉혹한 살인마'처럼 취급하는 건 결코 옳지 않다.

　물론 감정의 동요 없이 잔인한 살인 사건을 일으키는 사이코패스도 분명 있다. 하지만 대부분의 사이코패스는 오히려 '재미있는 사람', '매력적인 인물', '능력 있는 녀석', '변덕스러운 면은 있지만 멋진 놈'으로 간주되어 각 분야에서 활약하는 경우가 많다.

앞서 살펴본 미국의 신경과학자 제임스 팰런은 자기 자신의 기능성 MRI(이하 fMRI)상을 찍어 본 결과, 그것이 사이코패스의 전형적인 상이라는 점을 알고서 경악했다고 한다. 하지만 그는 사회적으로도 성공한 연구자이고 자신의 인생을 되돌아봤을 때 '향(向)사회적(적응형) 사이코패스', 혹은 '마일드 사이코패스'라 불렀다.

이 같은 '적응형 사이코패스', 혹은 '마일드 사이코패스'는 사회의 다양한 장소에 존재하고 있다. 영국의 심리학자 케빈 더튼(Kevin Dutton)은 저서 『천재의 두 얼굴, 사이코패스』 속에서 자신이 인터넷에서 실시한 조사 결과를 설명하고 있다.

순위	사이코패스도가 높은 직업	사이코패스도가 낮은 직업
1	기업의 최고경영자(CEO)	요양 관리사
2	변호사	간호사
3	(TV, 라디오) 보도 관계자	치료사
4	영업직	장인
5	외과의사	미용사 / 스타일리스트
6	저널리스트	자선활동가
7	경찰관	교사
8	성직자	크리에이티브 아티스트
9	셰프	내과의사
10	공무원	회계사

그 결과는 위의 표와 같다. '사이코패스도가 높은 직업'은 1위가 '기업의 최고경영자(CEO)'다. 또 '변호사', '(TV, 라디오) 보도 관계자', '영업직', '외과의사'가 그 뒤를 잇고 있다. '경찰관'이나 '성직자', '공무원'에게도 사이코패스가 많다는 사실을 보고서 놀란 사람도 있을지 모른다.

거꾸로 '사이코패스도가 낮은 직업'에는 '요양 관리사', '간호사', '치료사' 등 공감도가 중요한 포인트인 직업이 많았다. 의사도 '외과의사'라면 사이코패스도가 높고 '내과의사'라면 사이코패스도가 낮다는 건 꽤나 흥미로운 점이다.

『백악관 주인들의 지도력과 성격』을 함께 쓴 법 심리학자인 스티븐 루벤저(Steven Rubenzer)와 심리학 교수 토마스 페이싱바우어(Thomas Faschingbauer)에 따르면, 미국의 역대 대통령 중에서 존 F. 케네디, 빌 클린턴을 비롯해 몇 명의 대통령이 현저한 사이코패스 특성을 보였다고 한다. '매력적인 입담', '웬만한 압박감에도 흔들리지 않는 냉철한 결단력', '두려움을 모르는 과감한 행동력' 등 사이코패스에게 흔히 보이는 특성이 그들의 사회적 성공과 역사적 평가에 영향을 끼칠 가능성이 있다는 것이다.

행복하게 사는 것이야말로
최고의 복수!

만일 자신의 상사가 '사이코패스'라면 어떻게 대응하는 것이 좋을까? 그들은 일반적인 감정 공유가 불가능하기 때문에, 통상적인 방식으로는 제대로 된 커뮤니케이션을 하기 힘들다. 그들과의 알력이나 충돌을 피하기 위해서는 몇 가지 포인트를 중요하게 짚고 넘어가야 한다.

① 상대방의 '사이코패스도'를 평가한다.

자신의 상사나 동료가 사이코패스인지를 곧바로 판단할 수 있을까? 이와 관련된 연구에 종사한 학자들 대부분은 '그렇다'고 말한다. 사이코패스도가 높은 상대를 계속 살펴보면 그 특징을 금세 알아차릴 수 있다는 것이다.

'어떤 감정이 제대로 전달되지 않는 기분', '등줄기에 소름이 끼치는 기분'이 중요하다는 지적도 있다. '군이 왜 저럴까' 싶은 말이나 행동을 아무렇지 않게 한다'는 사이코패스적인 특징을 알아 두는 것도 도움이 된다.

만일 100명이 있다면 그중 몇 사람은 사이코패스도가 높을 가능성이 있다. 직책이나 지명도, 부자인지 여부는 크게 상관없다. 어디까지나 자신의 '감성 안테나'를 믿고 '제대로 전달되지 않는 기분'이 든다면 방심하지 않는 것이 현명하다.

② 가급적 얽히지 않는 게 좋다.

'사이코패스적인 삶이 좋은지 나쁜지' 판단하는 건 사실 의미 없다. 문제는 '그들이 자신의 목적을 충족시키기 위해 당신을 수단으로 이용하느냐'는 점이다. 조금 심하게 들릴지도 모르겠지만, 그들은 이용 가치가 사라지면 금세 버려 버린다. 그런 관계가 싫다면, 우선은 그들과 가급적 가까이하지 않는 것이 상책이다. 『괴물의 심연』 속에서 저자 제임스 팰런은 다음과 같이 경고하고 있다.

완벽한 사이코패스로 알려진 사람에 대해 어떻게 행동해야 할까? 무슨 일이 있어도 이런 사람 앞에서는 자신의 약점을 드러내선 안 된다. 만일 그것이 가벼운 만남이라면 더 깊이 들어가선 안 된다. 슬며시 미소 지으며 모른 척 지나치는 게 상책이다.

또 미국의 테라피스트 마사 스타우트(Martha Stout)는 『당신 옆의 소시오패스』에서 다음과 같이 경고하고 있다.

사이코패스로부터 나를 지키는 가장 좋은 방법은 상대방을 피하는 것, 어떤 종류의 연락이나 관심도 다 끊어 버리는 것이다.

그들에게 피해를 당했다고 섣불리 복수하려 해선 안 된다. 이에 관해서는 그들이 당신보다 훨씬 더 뛰어나다(?). 아마 그들은 당신이 상상조차 할 수 없는 방식으로, 전혀 생각지도 못한 때에 갑자기 복수하려 들 것이다. 우선은 자기 자신부터 지키는 게 주위 사람들을 지키는 것으로 이어질 수 있다. 아울러 스타우트는 "행복하게 사는 것이야말로 최고의 복수"라고 말했다.

③ '그런 삶의 방식도 있다'는 점을 배운다.

회사 명령에 따라 어떻게든 그런 상사 밑에 있어야 할 상황이라면 어떻게 해야 할까? 일반적으로 그들은 '실적(드러나는 성과)을 중시하는 경향'이 강하기 때문에, 우선은 명확히 성과를 올릴 필요가 있다. 한번 '쓸모없는 놈'으로 간주되면 갖가지 수단으로 괴롭힘을 당하게 된다.

아울러 이들에게는 '절대 복종'이 기본이다. 독특한 방식을 고집하고 말하는 내용이 계속 바뀌더라도, 그것을 비판하면 득달같이 달려들고 화를 내니 각별한 주의가 필요하다.

오히려 이럴 때 그런 캐릭터 자체에 흥미를 갖고 대하는 편이 좋을 것이다. '이런 식의 사고방식도 있구나', '즉시 판단하고 실천하는, 그런 방식은 나도 배워야겠다'는 식으로 보다 전향적으로 받아들여야 한다. 다만 오랜 관계를 유지하긴 어려운 상대라는 점을 항시 유의해 둘 필요가 있다. 친한 상대(우군)를 발견해 사이코패스적인 면에 대해 정보를 교환하는 노력 역시 절대로 빼놓을 수 없다.

물론 '저 사람은 사이코패스'라는 낙인을 손쉽게 찍어선 안 된다. 현재 사이코패스에 대해서는 의학적인 메커니즘이 서서히 규명되고 있다. '유전적인 요소 때문에 뇌의 회로에 독특한 장애가 있다'는 이야기도 있다. 하지만 사이코패스 정도까지는 아니더라도 어느 정도 '감정의 회로가 억눌려 있어, 그럴 때는 냉혹할 만큼 객관적인 판단을 내릴 수 있는' 사람도 적지 않은 게 사실이다.

그런 성격적인 다양성을 이해하기 위해서라도 '사이코패스라는 극단적인 인격이 존재한다'는 사실을 인지해 두는 것이 좋다. 어쩌면 그 선악의 구분보다, 그런 실리적인 사고방식이 훨씬 더 우리 삶에 유익할지 모른다.

제2장

위험한 이웃

—

주택 편

점점 더
위험해지고 있는 이웃

　회사 업무로 인한 스트레스와 피로를 풀기 위해, 또 사랑하는 가족과 단란한 시간을 보내기 위해 '우리 집'은 편안하고 안전한 장소였으면 좋겠다. 아마 누구라도 그렇게 생각할 것이다. 그래서 평생 갚아야 할 대출을 끼고서라도 내 집을 갖고 싶어 하는 이들이 많다. 이처럼 '다른 사람에게 방해받고 싶지 않은 우리만의 생활공간을 갖고 싶다'는 욕구는 지금 세상에서 더더욱 절실해지고 있다.

　하지만 현실은 어떨까? 우리 주변의 아파트(맨션, 빌라)나 단독 주택에서는 '이웃과의 갈등'이 끊이질 않고 있다. '피아노 소리가 시끄럽다', '개 짖는 소리, 애들이 시끄럽게 떠드는 소리에 잠을 잘 수가 없다', '옆집 사람이 이상한 소문을 퍼뜨리고 다닌다' 등….

일시적인 오해나 갈등 정도면 주민회의(반상회)에서 만나 대화로 풀거나, 주민 대표가 개입해 중재해 줄 수도 있다. 하지만 개중에는 이성적인 대화나 커뮤니케이션 자체가 아예 불가능한 사람들이 있다.

왜 그들은 점점 더 위험해지고 있는가? 그리고 만일 그런 이웃을 만났다면 나는 어떻게 대응해야 할까? 이 장에서는 다음 사례를 통해 그런 문제들에 대해 한번쯤 생각해 봤으면 한다.

아파트 관리소장의
민얼굴

소희는 도시 교외의 고급 아파트에 살고 있는 여성 기업인이다. 그녀는 평소 화분증(꽃가루 알레르기)이나 정기 검진 정도를 제외하곤 병원과 거리가 먼, 건강하고 밝은 성격의 소유자다.

하지만 올 가을 대형 태풍이 지역을 강타해 큰 비가 내렸고, 소희는 자택과 가재도구가 침수되는 사고를 겪었다. 평소 애용하던 가구와 집이 피해를 입어 소희는 큰 충격을 받았다. 그로 인해 가재도구를 교환하고 벽, 마루 등의 보수공사를 실시해야만 했다.

소희는 물론 가재 보험에 가입했고, 아파트 역시 재해 보험에 들어 있었기 때문에 보험금을 받을 수 있었다. 더욱이 보험 사원의 '보험금 신청 절차만 밟으면 금방 보험금을 받을 수 있다'는 연락을 받고서 소희는 안도할 수 있었다. 하지만 안심할 새도 없이 새로운 문제가 불거지며, 그녀는 난처한 상황에 처하고 말았다.

아파트의 관리소장은 지역 구청에 근무한 경험이 있는 실무가 타입의 인물이었다. 그래서 소희는 '이번 일도 척척 해결해 줄 것'이라 믿었다. 하지만 조합을 통해 보험사 측에 서류를 제출하는 단계부터 예상이 빗나가기 시작했다.

"주소 쓰는 법이 틀렸습니다. 아파트 이름을 정확히 기입해 주세요."

'내가 실수했구나' 하는 마음에 서류를 다시 써서 제출했다. 하지만 이번에도 제동이 걸렸다.

"이렇게 글을 쓰면 안 되죠. 다시 써 주세요."

소희는 '무슨 국어 수업 하나…' 생각하면서도, 공사업자에 대한 대금 지급일이 가까워지고 있었기에 잠자코 서류를 다시 써서 냈다. 그러자 이번에는 보험사 쪽에 실수가 있었다는 말을 전해 들었다.

"보험사가 피해 품목 리스트를 틀리고 말았다네요. 서류 정정을 위해 다시 한번만 써 주시길 바랍니다."

'금액이 틀린 거라면 몰라도, 어렵게 도장까지 날인해 서류를 제출했는데 또 안 된다고?' 이번에는 소희도 조금 화가 났다. 보험사 담당자도 "정말 꼼꼼하시네요. 이렇게까지 적어 주신 분은 고객님이 처음이십니다"라고 칭찬했을 만큼 꼼꼼히 적었는데 실수라니…, 하지만 이번에도 꾹 참고 지적받은 대로 서류를 고쳐 써서 다시 보냈다.

하지만 이번에는 그 정정 서류를 받은 뒤 관리소장이 보험사에 서류를 보내지 않았다. 문제가 없으면 그대로 사인해 송부해 주면 되는데, 바쁘다는 핑계로 아무런 행동을 취하지 않았다. 그렇게 두 달 가까이 애꿎은 시간만 흘러갔다.

소희는 매우 곤혹스러웠다. 물론 보험금이 나오지 않는다 해서 당장 생활이 어려워지는 건 아니다. 하지만 공사업자에게는 기한에 맞춰 대금을 지불해야 했다. 여러 가지 어수선할 때, 돈을 융통하기 위해 이리저리 뛰어다니다 보면 회사 업무에도 지장을 받게 된다. 그녀는 정신적으로 상당한 스트레스를 받고 있었다. 항상 바쁘다던 남편도 이 상황을 보고서야 조금씩 움직이기 시작했다.

"관리소장의 태도가 전혀 납득이 안 되는데, 내일 둘이서 만나 보자."

이번에는 부부가 함께 관리소장과 이야기했지만, 그는 계속 우물쩍거리면서 일은 진척되지 않았다. 그렇게 며칠이 지나서야 서류를 송부했고, 가까스로 보험금을 기한에 맞춰 받을 수 있었다. 그제서야 소희는 안도의 한숨을 내쉴 수 있었다.

아 파 트 내
따 돌 림

그로부터 얼마 뒤 우연히 이웃집 사람들의 이야기를 듣게 되었다.

"소희 씨 부부가 한밤중에 관리소장 방으로 찾아가 소리치고 난동을 피웠다
  며? 빨리 도장 찍어서 서류 보내달라고. 그렇게 안 봤는데 그 사람들 진짜 무
  섭네…."

소희는 이야기를 듣고서 아연실색했다. 생각해 보니 침수 피해를 조사할 때도
관리소장은 입회하지 않았고, 그때부터 모습이 조금 이상했다. 애초에 아파트
로 이사 올 때 소희는 서재 디자인과 가구에 각별히 공을 들였다. 집에서 자고
가는 손님들을 위해 좋은 침구류도 들여놓았다.

보험사의 감정원은 그런 상황을 잘 알고서 가격에 상응하는 피해액 평가를 내
렸다. 소희는 전문가 입회하에 내린 산정 금액이기에 타당하다고 생각했다. 하
지만 전후 내막을 잘 모르고 감정액만을 본 관리소장의 평가는 그와 크게 달

랐다.

"피해 보상액이 너무 많은데요. 혹시 보험사 담당자와 짜고서 보험금을 부당하게 부풀린 거 아니예요?"

반상회 임원회의에서 그런 발언이 있었다는 사실을 알고서 소희는 크게 놀랐다. 더구나 관리소장은 바쁘다는 핑계로 피해 조사에도 입회하지 않았는 데도 그런 식으로 사람을 매도하리라곤 상상도 못했다.

보험금 사건 이후 아파트에서는 소희 가족에 대한 평가가 급속히 악화되었다. '자신들이 멋대로 피해액을 산정해 보험금 빼먹기를 한다'는 소문까지 돌았다. 관리회사가 가입해 둔 보험의 납입금이나 관리비가 사고 전후로 전혀 달라지지 않는 데도 '소희 씨 가족에 대한 피해액 지급 때문에 앞으로 보험료가 올라갈 것 같다. 그러므로 소희 씨는 보험금을 청구해선 안 된다'는 근거 없는 소문이 나돌기 시작했다. 그리고 그 소문은 어느새 소희의 귀에까지 들어왔다.

주민회의에 참석한 소희 부부는 관리소장으로부터 보험금 지불 건에 대해 강도 높은 추궁을 당했다. 지금까지는 이웃들도 소희 부부를 정중히 대했는데, 이번만큼은 마치 범죄 용의자처럼 다뤘다.

"귀 가정의 피해에 대해선 진심으로 위로 드립니다. 하지만 평소 주의를 조금만 더 기울였다면 이른 시기에 침수 피해를 확인하고 대처할 수 있지 않았을까요? 온전히 자기 책임이라 말하고 싶진 않지만, 그렇다고 이번 보상액에는 도저히 납득할 수가 없습니다. 이에 대해 명확히 해명해 주셨으면 합니다."

항상 조용히 듣고만 있던 이웃집 아주머니가 꽤 거친 말투로 몰아세우는 것에 소희는 큰 충격을 받았다. 소희는 그날 밤부터 편히 잠들 수 없었다. 주위 사람들의 시선이 무섭기도 하고, 긴장감과 불안감으로 좀체 안심할 수 없었다. 소희는 너무 괴로운 나머지 외래 진료를 직접 받아 보기로 결심했다.

진 짜 무 서 운 건
' 악 의 '

소희의 사례에서 보이는 것처럼 주위로부터 심한 공격을 받아 건강 상태가 나빠진 사람들이 많다. '자신은 특별히 잘못한 게 없다. 혹시나 짐작 가는 사안조차 없다. 그런데도 지금까지 잘 지내 오던 사람들이 180도 돌변해 자신을 공격한다. 혹은 뒤에서 욕하거나, 있지도 않은 소문을 만들어 퍼뜨리기 시작한다.'

소희의 경우에도 사소한 문제가 잇따라, 매번 대응해야 할 일투성이였다. 주위 사람들과의 신뢰관계나 협력을 통해 가까스로 헤쳐 나가는 중이었다. 그럴 때 돌연 그 인간관계 자체가 무너져 버렸다. 이처럼 자신이 신뢰한 만큼 배신당했을 때의 충격은 크다. 정신적인 상처는 신체에도 막대한 영향을 초래한다. 원인 모를 두통이나 복통, 설사, 식욕 감퇴, 불면증, 무기력증 등, 인간관계가 뒤틀리면서 우울증을 앓게 된 사람도 있다.

이런 악의적인 행동, 혹은 배신행위는 어떻게 이뤄지는 걸까. 사전에 조금이라도 집히는 데가 있을 경우에는 미리 준비할 수 있기 때문에 큰 충격을 받을 일은 그리 많지 않다. 하지만 전혀 예상치도 못한 곳에서 배신행위가 벌어질 때는 완전한 '사고 정지'에 빠져 버린다. 어떻게 해야 좋을지 모를 난감한 상황에 처하는 것이다.

소희의 경우에는 일단 관리소장의 성품이나 사고방식을 재검토해 볼 필요가 있다.

1) 우선 관리소장 자신의 금전 감각을 토대로 '왜 이렇게 비싼 보상액이 나왔느냐'는 불신감을 갖고 있다. 그는 자기 가치관에서 벗어나는 건 일절 용납하지 않는다. 하지만 전문가가 내린 평가이기에 앞장서 반대할 용기는 없다. '알고 보면 뒷거래가 있지 않을까?' 하는 식의 의구심만 안은 채, 그는 자신의 '화'를 '승인 지체'라는 행위로 '해소'하고 있다.

2) 관리소장은 '승인권'이라는 '권력'을 쥐고 있다. 관리소장이 서류에 도장을 찍어 주지 않으면 소희는 보험금을 받을 수 없다. 명확하게 이유를 설명하지 않고 승인을 미루는 건 확실히 '월권'이며 '방해 행위'다. '개인적으로 납득할 수 없기 때문에 방해한다'는 건 '주민의 자산과 안전을 지킨다'는 관리소장의 기본 책무를 다한 것이라 볼 수 없다.

3) 만일 관리소장이 궁금하거나 납득가지 않는 부분이 있다면, 소희에게 직접 물어 쉽게 해소할 수 있다. 그가 "피해액이 너무 큰 것 같은데, 정말 고급 가구만 있었느냐"고 묻는다면, 아마 소희도 차분하게 그 이유와 내막을 설명

했을 것이다. 만일 그럼에도 납득할 수 없다면 전문업자를 불러 상세한 내용을 들어 보면 된다. 이런 통상적인 대응조차 하지 않고 소희를 모욕하듯 행동하는 건 그의 '사고 회로'나 '행동 패턴'에 문제가 있다고 볼 수 있다.

이렇듯 그의 행동에는 '상대방 기분에 대한 공감성 결여', '자기 생각이 다 옳다는 이상한 믿음', '타자 시점에서 객관적으로 생각할 수 없는 사고 패턴'이 감춰져 있다. 소위 '인지 왜곡(Cognitive Distortion)'에 따라 '편향된 정의감'을 안고 독단적인 가치관으로 '유죄'라 판정해 상대방에게 돌연 '정의의 철퇴'를 가한 것이다.

여기서도 알 수 있듯, 이 책에서 다루는 '위험한 이웃'이란 '범죄나 정신질환에까지 이르지는 않더라도, 주변 인간관계에 커다란 문제가 있어 때론 알력을 낳고 그 피해를 주변에 끼치는 사람'이다.

질 투 받 기
쉬 운 조 건

소희의 불안과 초조함은 어느새 한계치를 넘어, 본격적인 상담을 받아 보기로 했다. 그녀를 1시간 정도 상담한 여성 카운슬러는 내게 신중한 어조로 다음과 같이 말했다.

"지금까지의 경과만 두고 보면 소희 씨는 질투 받기 쉬운 타입일지 몰라요."

"질투 받기 쉬운 타입?"

"네, 질투 받기 쉬운 조건, 그 첫 번째. 그녀가 미인이기 때문입니다."

"그런데 그녀는 성격이 좋아 보입니다. 그녀처럼 외모나 성격 모두 좋은 사람 은 오히려 여성들에게 동경의 대상이 될 수 있지 않나요?"

"아니오. 여성들에게 질투 받을 확률이 더 높습니다."

그렇다. 확실히 그럴지도 모른다. 소희는 이목구비가 또렷한 미인으로, 스타일 도 좋고 지나가던 남성이 뒤돌아볼 만큼 강한 인상을 남기는 사람이다. 아이가 셋이나 있다고 하면 아무도 믿지 않을 정도다.

"아까 저희 간호사가 그러더군요. '저런 사람이랑 함께 있고 싶지 않다'고."

카운슬러는 웃으며 간호사의 말을 전했다.

"그런가요…."

"남성들은 그 이유를 잘 모를 수도 있죠. 하지만 저 같으면 그런(잘난) 사람과 같이 있으면서 비교당하기 싫을 거 같은데요."

이를 통해 여성들이 '무의식중에 동성과 경쟁하고 질투한다'는 사실을 알 수 있었다. (물론 그런 성향은 남성에게도 해당될 수 있다.)

"질투 받기 쉬운 조건, 그 두 번째. 그녀의 생활이 꽤 여유가 있기 때문입니다."

"그게 질투의 원인이 된다고요?"

"소희 씨의 남편이 유명 대기업의 임원으로 계시죠? 연봉도 높고 사회적인 지위도 높고요. 아이들도 모두 유명 사립학교에 다닌다고 하셨죠. 게다가 본인은 직접 회사를 경영하지만, 실무는 모두 담당 직원들에게 맡겨 두고 실제로는 쇼핑이나 여가생활로 일상 대부분을 보낸다든지, 경제적으로 여유가 있는 데다가, 부모를 봉양해야 할 상황도 아니고요."

소희가 아무렇지 않게 '엄마 친구(아이들끼리 친구인 경우, 그 엄마들도 가까이 지내며 친구라 부르는 말—옮긴이 주)'라 부르는 엄마 친구들 대부분은 아이 학원비를 벌기 위해 아르바이트를 하거나 아픈 부모를 돌봐야 했다. 그런 사람들 입장에서 보면 소희에게 질투가 날 수밖에 없었다.

'역시 그랬구나….'

소희는 어쩌면 존재 그 자체만으로 질투의 대상이 되었는지도 모른다.

"질투 받기 쉬운 조건, 그 세 번째. 본인에게 그런 자각 자체가 없다는 점 때문입니다."

"사람들에게 미움을 사는 것이 어떤 이유 하나 때문만은 아닐 거라고 본인도 말하던데요."

"누군가에게 직접적으로 해를 끼친다면 미움이나 분노를 사는 게 당연하겠죠. 하지만 소희 씨는 그런 짓을 하진 않았습니다. 물론 경우에 따라 소희 씨처럼 그냥 생활하는 모습만으로 질투 받는 상황도 충분히 있을 수 있습니다."

"확실히 소희 씨는 어떤 행동을 하거나 어떤 말을 하면 사람들에게 질투를 받는지, 그걸 잘 모르는 것 같긴 해요."

짐작하건대 소희는 태생적으로 밝고 긍정적인 성격이라 주위 사람들에게 미움을 사거나 질투를 받는 기분이 어떨지 잘 모를 거라는 생각이 들었다.

누구든 '감정의 배출구'가
될 수 있다!

그렇다면 '위험한 이웃'의 타깃이 되기 쉬운 사람은 어떤 타입일까? 일반적으로 보면 모든 이가 표적이 될 수 있고, 실제로 다양한 사람들이 비슷한 괴로움을 겪고 있다. 다만 학교 내 괴롭힘에서 '괴롭힘을 당하기 쉬운' 아이가 존재하듯, 사회적 괴롭힘이란 관점에서도 '괴롭힘을 당하기 쉬운' 타입은 확실히 존재한다.

'항상 벌벌 떠는(쭈뼛쭈뼛거리는)', '시선을 바닥에 깔고 말수가 적은', '바로 사과하고 주체성 자체가 거의 없는' 등, 이런 타입의 사람들은 스스로에게 자신이 없고 불안감이 눈에 띄며, 별거 아닌 공격에도 제대로 반격하지 못하는 경우가 많다. 스트레스가 쌓여서 어딘가에 감정의 배출구를 찾는 '위험한 이웃'들에게 이런 사람은 '좋은 먹잇감'이 되기 십상이다.

또 최근 들어 자주 타깃이 되고 있는 건 '눈에 띄는 사람', '혜택 받은 사람', '돈 좀 있을 거 같은 사람'이다. 연예인들이 괴한에게 스토커 피해를 당하는 건 이전에도 자주 볼 수 있었던 현상이다. 영화나 TV에서 친근감을 가진 상대(연예인)에게 연애 감정이나 집착을 가진 열혈 팬이 스토커로 돌변한 사건은 지금까지 여러 차례 있었다.

그리고 최근 사례를 보면 '상대가 누구든 상관없다'든지, '괜히 짜증나고 화가 난다'는 발언에서도 알 수 있듯 '괜히 싫은 기분이 손쉽게, 단락적인' 문제 행위로 비화되는 인상이 짙다. '감정을 컨트롤하는 능력'이 개인 레벨, 더 나아가 사회적인 레벨에서도 떨어지는 게 아닌지 걱정될 정도다.

질 투 심 리 의
위 험 성

또 하나 주의해야 할 점은 '질투 심리'다. 우리는 사회생활 속에서 주위 사람들과 비교하는(비교 당하는) 경우가 많고, 다양한 열등감이나 우월감을 안고 산다.

남성이라면 직책이나 연봉, 학력이 어떻다는 데 지나치게 신경 쓰는 경향이 있다. 시중에 나온 경제지에는 '연봉이 높은 회사 톱 100'이라든지, '사장들의 출신대학 순위' 같은 특집기사를 내놓고, 실제 그런 특집이 들어간 호는 평소보다 잘 팔리곤 한다.

여성이라면 외모, 결혼 상대의 조건, 아이가 다니는 학교나 성적 등, 자신과 가족의 상태로 우열을 가리는 경향이 짙다. 여성지 특집으로 '미용', '연애 · 결혼', '가족'을 다루는 경우가 많은 것도 모두 이 때문이다.

남성에게는 남성만의 프라이드가 있고, 여성에게는 여성만의 자부심이 있다. 다른 사람에게 뒤처진다는 '아쉬움, 후회'는 본래 그 열등감을 극복하기 위한 '노력'을 끌어내는 감정일 수 있다. 하지만 '타인과의 비교' 정보가 범람하고 높은 자리에 올라가기 힘든 사회가 되면, 내 노력으로 그 어려운 과제를 극복하기보다 타인의 행보를 방해하고 상대를 그 지위에서 끌어내리는 행위가 훨씬 쉬워진다.

이처럼 사례로 든 소희의 경우는 동성이든, 이성이든 질투를 받을 수 있는 요소가 많은 편이다. 여성에게는 아름다운 외모와 경제적으로 여유로운 생활, 아이들의 학력(학교나 성적) 등으로 질투 받는다. 또 남성에게는 소희 남편의 연봉이나 사회적 지위 콤플렉스에 따라, 소희가 뭔가 주장하면 '건방지다', '주제넘게 참견한다', '다른 사람을 깔본다'고 욕먹을 조건들(?)이 갖춰져 있다.

물론 소희는 '평소 하던 대로 행동했을 뿐'이다. 하지만 강한 열등감이나 불안감에 시달리는 사람에게는 소희의 존재 자체가 '질투의 대상'이 될 가능성이 높다. 관리소장의 행동은 소희 씨 부부 입장에서 보면 '부당한 횡포'로 여겨질 수밖에 없다. 하지만 관리소장 입장에서 보면 '건방진 여자가 남편 능력을 믿고, 부당한 이득을 탐하는 행위'처럼 보일 가능성이 높다.

개인의 광기가
집단을 위협한다

그 후 한동안 소희로부터 연락이 끊겼다. 그러다 6개월 만에 병원을 찾은 소희는 이전 만났을 때보다 훨씬 더 야위어 있었다.

"그때 이후로 어떻게 지내셨나요?"

필자는 지금의 상태에 대해 물었고, 잠시 할 말을 고르던 그녀는 조금씩 말문을 열었다. 그녀 말에 따르면, 그 일이 있은 뒤 관리회사의 담당자가 둘이나 바뀌었다고 한다. 첫 담당자는 조금 고지식한 타입의 사람으로, 소희가 겪은 피해에 대해 진심으로 걱정해 줬다. 하지만 일부 주민은 그런 상황이 결코 달갑지 않았던 거 같다.

"당신도 보험회사와 한통속이 되어 보험금 타내는 거 아니예요?"

주민들은 터무니없는 비난을 담당자에게 쏟아내곤 했다. 거의 매일 전화나 메일로 항의를 받은 담당자는 곧 건강을 해쳐 회사를 관둘 수밖에 없었다. 이후

대신 파견 온 담당자는 꽤 합리적인 타입의 사람이었다고 한다. 주민회의 때도 쌍방의 의견을 잘 들어 본 뒤, 그 나름의 판단을 내리고 사안에 대해 설명해 줄 정도였다.

'이번 피해 산정액은 보험회사 전문가를 통해 이뤄졌고 지금까지의 수많은 경험으로부터 봤을 때 타당한 금액이라는 점, 그리고 저번에는 피해자인 소희에게 늦게 지불했지만 앞으로는 그런 일이 없도록 해야 한다'는 점을 강조했다.

소희 씨 부부는 그의 발언이 지극히 당연한 말이라고 생각했지만, 이웃 주민들은 그렇게 생각하지 않았다.

"이번 담당자는 완전히 제멋대로네. 주민회의에서 나온 의견도 무시하고, 특정 주민만 편애하고 말이야… 이런 사람을 파견한 관리회사와는 앞으로 계약을 맺지 않는 게 좋겠어요."

그런 이야기가 주민회의에서 나왔다고 한다. 그리고 그 의견은 관리회사에도 통보되어, 놀란 회사 측은 '주민 요구를 반영한다'는 형태로 주민 의견에 거스르지 않는 타입의 담당자를 새로 임명했다고 한다.

그 후 이웃 주민들이 나누는 이야기를 우연히 전해 듣고 소희는 기절초풍할 수밖에 없었다.

"그거 들었어? 이번에 그만 둔 관리회사 담당자 말이야. 실은 소희랑 몰래 만나는 사이였다면서?"

"정말? 역시 그런 거구나…, 어째 소희 편을 들어 주는 게 수상쩍다 했어."

소문이기에 누가 이야기했는지 알 수 없었다. 하지만 그 터무니없는 이야기를 들은 소희는 '그러려니…' 하면서도 한편으로 큰 충격을 받았다. 도대체 '뒤에서 어떤 이야기들을 하고 다니는지 모른다'는 생각에 불안과 공포를 느낄 수밖에 없었다. 매일 매일이 불안했다. 밤에는 좀처럼 잠을 들 수 없었고, 불안한 마음에 식사조차 제대로 할 수 없었다. 어느새 소희는 조금씩 야위어 갔고 체중이 순식간에 30㎏대까지 떨어졌다.

소희의 이야기를 듣고서 잠시 침묵이 흘렀다.

"그런가요? 정말 힘드시겠네요."

"예…, 남편도 그 이야기를 듣고 정말 화를 내더군요. 이런 말도 안 되는 소리들을 해대는 꼴을 참을 수 없다고 말이죠. 하지만 소문이란 게 어디서 나왔는지 특정할 수도 없잖아요. 저도 범인을 찾고 싶긴 한데, 지금은 그냥 안 들은 걸로 생각하고 있어요."

"사람의 악의만큼 무서운 것도 없네요…."

그녀는 의기소침해진 모습으로 진료실 문을 나섰다.

악의와 질투의 역사는
의외로 길다

　'극락은 저편에 있지만, 지옥은 눈앞에 있다'는 말을 들은 적이 있다. 지진, 쓰나미 등 위험한 상황에서 의지가 되는 건 가족이나 이웃, 직장 동료나 친구들이다. 하지만 보통 생활에서는 가족이나 이웃, 가까운 동료가 서로 미워하고 방해하는 경우가 대부분이다. 오히려 관계가 가까우면 가까울수록 미움이나 화도 더 생기고, 그 정도가 심해져 어느새 수습이 안 되는 지경에 이르곤 한다.

　사람에 대한 악감정 중에서도 질투는 조절하기 매우 어려운 감정 중 하나다. 질투의 역사는 인류 역사와 같다고 할 만큼 오래되었다. 문헌적으로는 고대 일본의 『고지키』5에도 이미 나와 있다. '질투'라는 문자가 보이는 곳이 두 군데, 모두 다른 여성을 좋아하는 남편에 대해 아내가 질투를 느끼고 괴로워한다는 내용이었다.

물론 이성에 대한 남녀 간의 반응 차이는 생물학적으로 강하게 규정된 면도 결코 부정할 수 없다. 하지만 그에 따라 생겨난 '질투'라는 감정에 괴로워하는 건 예나 지금이나 변함없다.

'세계에서 가장 오래된 장편 소설'로 불리는 일본 책『겐지모노가타리』[6]에서도 '질투'는 커다란 주제가 되어 반복적으로 등장한다. 특히 '남편의 바람기에 고민하던 이가 살아 있는 영혼이 되어 바람피운 상대를 공격하는' 장면은『겐지모노가타리』의 클라이막스라 할 수 있다. 그 괴로움, 쓸쓸함, 생사를 초월할 만큼의 원한 등은 현대 독자들의 가슴에도 깊게 와닿는 면이 있다.

---

5 古事記. 712년에 간행된 고대 일본의 신화와 전설, 사적을 기록한 책.
6 源氏物語. 11세기 초 무라사키 시키부(紫式部)에 의해 성립한 세계에서 가장 오래된 소설. 당대의 이상적인 남성상인 히카루 겐지의 출생과 시련, 그리고 영화와 죽음에 이르는 전 과정을 담고 있다. 많은 여성과의 다채로운 연애, 그리고 겐지 사후에 후세들이 경험하는 삶의 갈등을 그리고 있는 문학 작품이다.

질 투 는
뇌 에 서 만 들 어 진 다 ?

　그렇다면 '누군가를 질투한다'는 감정은 도대체 어떻게 생기는 걸까? '질투'라는 감정을 분석하는 데 방사선의학 종합연구소가 실시한 흥미 깊은 실험기록이 있어 소개하고 싶다.

　건강한 대학생 19명에게 다음과 같은 시나리오를 읽고, 그 후 앙케이트에 답하도록 했다. 또 뇌 속의 변화를 조사하기 위해 fMRI 검사를 받도록 했으며 그 결과를 분석해 봤다. 여기서 읽도록 한 시나리오(내용은 약간 변경)에는 3명의 대학생이 등장한다. 당신이 남성인 경우를 예로 들어 설명해본다.

질투의 감정 분석 실험

사례1. 질투를 일으킨다.	
A타입	남성으로 자기보다 성적이 좋은데다, 외모까지 뛰어난 남성. 여성들에게 인기가 있고, 고급차를 탄다.
B타입	여성으로 머리가 좋고 센스 있는 미인. 남성들에게 인기가 있고 비싼 차를 탄다.
C타입	여성으로 성적은 그저 그런, 게다가 얼굴도 그저 그렇다. 남자친구는 없다. 차는 나와 같은 수준이다.
사례2. 타인의 불행은 나의 행복	
A타입	남성으로 자기보다 성적이 좋은데다, 외모까지 뛰어난 남성. 고급차를 타다가 사고가 나고 애인과 이별한다.
C타입	여성으로 성적은 그저 그런, 게다가 얼굴도 그저 그렇다. 남자친구는 없다. 나와 같은 수준의 차를 타다가 사고가 난다.

(출처 : 방사선의학 종합연구소의 홈페이지)

요컨대 A는 '인기 있는 멋진 남자에, 머리도 좋고, 부자', B는 '미인에, 머리 좋고 돈도 있다', C는 '그냥 평범한 여성으로, 나와 비슷한 수준'이라는 것이다. 실제로 이뤄진 테스트 결과를 보자.

앙케이트 결과 질투를 받는 건 'A〉B〉C' 순이었다. 당연하지만, '자신과 동성에 머리 좋고 멋진, 게다가 부자'에게 느낀 질투는 매우 강하다. 한편 여성은 '사귀는 대상'이 될 수도 있기 때문에 질투는 그리 강하지 않고, 자신과 비슷한 수준의 사람에게는 질투의 감정이 별반 생기지 않는다.

fMRI에서는 뇌의 '전부대상회(前部帯状回)' 활동이 A에 대해 높아져, 앙케이트에서 '질투'를 강하게 느끼는 사람일수록 높은 수준을 보이고 있다. 즉, 질투라는 감정은 뇌의 일부에서 만들어지고, 그것이 활성화되면 질투도 강해진다는 것이다.

덧붙여 전부대상회는 '신체의 아픔'을 인식하는 부위로 간주되고 있다. '질투'는 어떤 면에서 '마음이 아픈' 상태를 말하는데, 그건 단지 '그럴싸한 말장난'이 아니다. 정말로 '신체의 아픔'과 같은 부위에서 우리는 '마음의 아픔'을 느끼는 것이다.

이어 학생 A와 C에게 '중대한 불행(자동차가 사고로 부서지고 애인이 바람을 피우는 등)'이 벌어졌을 때의 '기쁨'에 대해서도 물었다. 그 기분을 묻는 앙케이트에서 멋진 남자(A)에게는 '매우 기쁜' 마음이 들었다. '타인의 불행은 곧 나의 기쁨'이라는 기분이 앙케이트에도 잘 나타나 있다.

fMRI의 뇌 화상에서는 역시 A의 불행에 대해 뇌의 '선조체(線条體)' 활동이 가장 활발해졌다. 또 질투로 '전부대상회'가 활발해진 사람, 즉 타인에 대한 질투로 괴로워하는 사람일수록 타인의 불행을 기뻐하는 '선조체' 활동이 활발해지는 상관관계가 있다는 사실도 알 수 있었다.

간단히 말하자면 '자신보다 훌륭한 상대가 불행에 빠지면 기뻐하고, 자신과 비슷한 수준이나 그 이하의 상대라면 '불쌍하다, 가엾다'며 동정한다.' 사람이란 태생적으로 그렇게 프로그래밍 된 생물인 것이다.

'위험한 이웃'과의
대결

소희 씨가 오랜만에 상담실로 찾아왔다. 필자는 그 이후 벌어진 일들에 대해 물었다.

"사실 그 이후로도 힘들었어요."

소희는 이웃 주민들과의 갈등으로 한동안 친정집에서 지냈다고 한다. 그 후 관리조합 회의에서 결정된 관리비 인상이나 수선비 거출금에 대해 아무것도 모르는 상태가 되었다.

원래 이런 종류의 서류들은 각 가정으로 우편 발송하거나 공고문을 붙이는 것이 통상적인 관례다. 하지만 관리소장은 그 수고를 줄이려 했는지, 아니면 다소간의 악의를 표출한 것인지 봉투에 넣어 그녀의 우편함에 팽개치듯 넣어 두었다고 한다. 이후에 그녀가 경영하는 회사 직원이 광고성 우편물인 줄 알고 그냥 버렸다고 한다.

어느 날 관리소장이 소희 앞으로 내용 증명을 보냈다.

'총회에서 결정된 사안에 대해 지금까지 몇 차례나 통지했지만, 필요한 분담금을 내지 않으려는 건 매우 유감입니다. 그래서 소액 소송 절차에 따라 소희 씨에게 법적 소송을 진행해, 법원에서 어느 쪽이 옳은지를 판정받도록 하겠습니다.'

소희 씨 부부에게는 당연히 '아닌 밤중에 홍두깨'였다. 법적 조치? 자신들을 무슨 범죄자 취급하고 있는 것인가? 결국 소희 씨 부부는 요청한 분담금을 지불하여 소송으로 번지지 않도록 관리소장에게 전화를 걸었다. 하지만 계속 부재 중으로만 떴다. 몇 번씩 걸어도 계속 같은 상태였다. 이웃 주민에게도 "뭐, 한 번쯤은 재판에서 누가 옳은지 명확하게 가려 보는 것도 나쁘지 않을 거예요"라는 냉랭한 답변만을 들었다.

'소액 소송'이란 '집값을 기한까지 지불하지 않는 등 악질적인 연체에 대항하기 위해, 한 번의 심리만으로 판결을 내리는 소송 방식'을 말한다. 일본의 경우 60만 엔 이하의 지불 건에 대해서만 적용된다. 다른 이웃 주민은 목소리를 낮추며 "이 소송에서 져도 1만 엔(일본 화폐 기준, 약 10만 원)이면 된다는 관리소장 때문에 저희도 어쩔 수 없었어요. 미안해요"라는 답이 돌아왔다.

소희는 곧 필요한 돈을 지불하기 위한 절차를 진행하면서 알고 지내는 변호사와 상담했다. 소액 소송이 이뤄지는 날, 관리소장은 의기양양하게 법정으로 들어갔다. 그리고 재판이라는 공적인 장에서 소희 씨 부부의 '악행'에 대해 당당히 폭로했다. 하지만 재판에서 소희 씨 부부의 모습을 보이지 않았고 대리 변호사를 통해 다음과 같이 통고되었다.

"이 건은 소액 소송이 아니라 통상적인 소송(재판) 절차로 전환하겠습니다."

순간 관리소장은 무슨 이야기인지 영문조차 몰랐다. 몇 번을 다시 듣고서야 그 내용을 이해할 수 있었다. 소액 소송은 대개 소송을 건 쪽이 압도적으로 유리한 재판이다. 그래서 소송을 당한 쪽의 권리를 지키기 위해 '통상적인 재판으로 바꿀' 권리가 부여된다. 소송을 건 쪽은 이 결정을 뒤집을 수 없다. 즉, 통상적인 재판에서 누가 옳은지 판결을 받을 수밖에 없다.

관리소장은 소희 씨 부부가 설마 이런 반격을 할지는 상상조차 못했던 것 같다. 당황한 나머지 안색이 180도 바뀐 관리소장은 급거 아파트로 돌아와 긴급 총회를 열었다. 본격적인 재판에 이르게 되면, 저도 1만 엔 수준으로 끝나지 않는다. 변호사를 선임하는 것만으로도 수십만 엔의 비용이 든다. 그는 '그 비용을 전체 가구에서 긴급 모금하자'는 제안을 했다. 하지만 관리소장의 제안에 대해 각자 의견이 난무하면서 총회는 난장판이 되었다. 또한 관리소장을 비난하는 목소리가 커졌다.

"당신이 저도 1만 엔 정도면 된다 해서 억지로 찬성했더니, 이제 와서 말이 다르지 않은가?"

"당신이 확실히 말을 전해서 돈만 잘 받았으면 그걸로 끝났을 거 아닌가?"

며칠 뒤 소희 앞으로 변호사에게서 전화가 걸려왔다.

"관리소장이 소송을 취하했습니다. 화해하고 싶다는데, 어떻게 할까요?"

재판을 지속할지 여부를 결정할 권리는 소희 쪽에 있었다.

"그런가요, 이럴 때는 어떻게 하는 게 좋을까요?"

"이번에는 소희 씨의 소송입니다. 물론 소송을 통해 얻는 것도 있겠지만, 굳이 그쪽과 관계를 꼬이게 할 필요까지 있을까요?"

"그렇겠죠? 알겠습니다. 그럼 저도 이쯤에서 소송을 취하하겠습니다."

이것으로 소송 이야기는 끝났다. 이 사건 이후 소희에 대한 주위 사람들의 태도가 바뀌었다. '그동안 오해해서 미안하다'는 식으로 직접 사과하는 이도 있었다. 한편 관리소장은 돌연 아파트에서 자취를 감췄다.

반격의
기회를   기다린다!

　소희의 사례에서는 관리소장의 '지나친 행동'이 결과적으로 '문제를 일으킨' 형태가 되었다. 집단 괴롭힘에 참여했다가도, 보통 사람이라면 마음속 어딘가에서 '이거 너무한 거 아닌가' 하는 '심적 불편함(뒤가 켕기는, 괜히 죄스러운)'이 있기 마련이다.

　이 사례 속 관리소장의 경우, 그런 '심적 불편함'이 별로 느껴지지 않는 타입 같다. 그래서 '이 정도에서 그만두자'는 제동이 걸리지 않았고, 행동 강도가 더더욱 세졌다. 이런 경우 계속 참다 보면, 상대방이 도리어 '실수를 범하는' 경우가 있다. 주위 사람들 중에도 관리소장 뜻에 억지로 따랐던 사람들이 있기 때문에 '전세가 바뀌면' 갑자기 그가 불리한 입장에 처할 수 있다.

상황이 자신에게 불리한 때에도 '나는 나쁜 짓을 한 적이 없다. 내 뜻을 알아 줄 때가 반드시 온다'고 믿으며 성실히 대응해 나간다면, 주위 사람들에게 '그리 나쁜 사람이 아니네'라는 '공감'을 얻어 점차 상황이 자신에게 유리한 방향으로 호전되는 경우도 많다. 그런 사실을 절대 잊어선 안 된다는 이야기를 꼭 해 주고 싶었다.

제3장

위험한 이웃

—

주변 갈등 편

주 변 갈 등 극 복 의
중 요 성

아파트, 빌라, 맨션 같은 공동 주택에서는 대개 이웃집과 방을 마주하고
있다. 그로 인해 피아노 소음이나 아이들 떠드는 소리가 갈등의 원인이 되
는 경우가 적지 않다. 이런 환경에서 서로간의 프라이버시를 지켜 준다는
건 사실 꽤나 어려운 일이다.

그렇다면 단독주택 거주자는 어떨까? 언뜻 아무런 갈등이 없을 거 같지
만 실상은 그렇지 않다. 지역 내 '이웃과의 교제'는 분명 범죄, 화재에 대한
사고 대책을 함께 세울 수 있다는 이점이 있다. 하지만 서로간의 생활에
지나치게 간섭하거나, 있지도 않은 소문을 퍼뜨리는 등 다양한 '주변 갈등'
의 원인이 되기도 한다.

특히 이웃이 정상적인(?) 상대가 아닐 경우, 점점 '위험한 이웃'으로 변

해 상상조차 못할 일로 비화되기도 한다. 정도가 심할 경우 장기 대출을 끼고 어렵사리 산 집을, 울며 겨자 먹기로 팔고 이사 갈 수밖에 없는 사례까지 있다. 이 같은 '주변 갈등'을 어떻게 극복해야 할지도 굉장히 중요한 문제라 할 수 있다.

문 제 가 많 은
이 웃

혜수는 40대 중반의 여성으로, 3개월 만에 진료차 병원을 찾았다. 한동안 못
본 사이 그녀는 꽤 야위어 나를 놀라게 했다.

"대체 무슨 일이 있었던 건가요?"

혜수는 희미한 미소를 띠며 답했다.

"신경 써 주셔서 감사해요. 그런데 최근 들어 식욕도 없고, 생각만큼 먹지를 못
하네요. 사실 아들 문제가 걱정이 되어 선생님께 하나 여쭙고 싶은 게 있었습
니다."

그녀는 원래 작은 체구였지만, 3개월 사이 20kg이나 빠진 건 뭔가 심상치 않아
보였다. 우선 전신 검사를 위해 혈액 검사, MRI 검사 등을 실시했지만 특별한
이상을 발견하진 못했다. 이전 진료 때는 교외로 이사 가며 인사차 방문했다.
남편이 몇 년간 지방으로 전근을 가게 되면서 혜수도 따라가게 된 것이다. 물

론 오랫동안 살던 집을 비우는 불안감을 지울 수 없었다.

"가전제품이 딸려 있는 아파트를 빌렸습니다. 마치 여행 간 기분이 들더라고 요."

그녀는 살짝 웃으며 말했다. 그런데…,

"혹시 뭔가 엄청난 스트레스도 함께 생겼다든지, 이사 간 곳의 환경에 익숙지 않아 주변 사람들과 갈등이 있었다든지…."

내가 질문을 시작하자, 그녀는 서둘러 고개를 가로저었다.

"아니요. 그런 일은 전혀 없었는데…."

하지만 잠시 주저하던 그녀는 이윽고 무거운 입을 떼며 자초지종을 털어놓기 시작했다. 문제가 벌어진 건 이사한 곳이 아니라 그때까지 살던 자택 쪽이었다.

평소 주변과 잘 지냈던 혜수는 이웃들에게 작별 인사를 돌았다. 그리고 긴급연락처도 자신의 휴대전화에 등록하고 "무슨 일이 있으면 바로 연락해 달라"고 부탁했다. 그럼에도 집이 걱정된 그녀는 월 1회 정도는 집을 찾아 환기를 하거나 청소를 했다. 하지만 이 과정에서 이웃집 여자에게 뜻밖의 항의를 받았다.

"집을 이렇게 계속 비워 두는 건 너무하잖아요. 얼마 전 근처에서 총기 사건이 있었다고요. 아무도 없다는 인식이 생기다 보면, 누군가 들어올지도 모르잖아요. 그래서 누군가 있다는 표시로 매일 창문을 열어 둘 필요가 있어요. 그리고 지난 주 쓰레기장 주변 청소 당번이었던 건 아시죠? 쓰레기가 여기저기 널려 있다는 소리에 제가 대신했단 말이예요."

필자도 '지난 달 이웃마을에서 폭력조직의 총기 사건이 있었다'는 뉴스를 TV에서 봤다. 하지만 그렇다고 살지도 않는 집에 매일 창문을 열어 두거나 쓰레기장 청소를 하긴 어렵지 않을까? 혜수는 내심 그렇게 생각했지만, 괜히 이야기를 꺼냈다간 싸움으로 번질 거 같아 잠자코 있었다. 그녀는 '어쩔 수 없이' 주 1

회씩 집에 오기로 했다. 정원 수리나 집 외부 청소를 하고나서 돌아갔지만, 그 럴 때마다 이웃 중 누구와도 마주치지 않았다.

"언제 오셨다가 갔나요? 혹시 사람을 사서 대신 시키신 건 아니죠?"

이웃 여자에게 전화가 걸려오는 횟수가 점차 늘었다.

그 이웃은 원래 지역 명사로 유명한 부동산 회사 사장의 집이다. 혜수에게 핀 잔을 준 사장의 아내도 평소 이웃들에게 평판이 좋았다. 작년에 사장이 폐암으 로 죽고, 나이 차가 제법 있는 그 여자 혼자서 살고 있다. 이전에는 거의 매일 손님이 찾아오는 듯했지만, 최근에는 방문자 수가 눈에 띌 만큼 줄었다. 그럼 에도 아직 주위 사람들에 대한 영향력이 남아 혜수에 대한 악담을 주변에 퍼 뜨리는 듯했다.

"매일 이웃들에게 고충 상담 전화가 걸려와 정신적으로 매우 힘들더라고요. 사 람들이 처음에는 대부분 이해한다는 평이었지만, 최근에는 욕하고 불만을 토 로하는 경우가 대부분이라 저도 참 힘드네요."

필자는 그녀의 사정을 듣고서야 비로소 납득할 수 있었다. 혜수는 주변 이웃들 에게 연일 불만을 샀고, 가벼운 우울증에 빠져 버린 것이다. 3개월간 겪은 고 충으로 그녀의 몸과 마음은 이미 한계치에 도달한 듯 보였다.

불 안 이   사 람 을
공 격 적 으 로   만 든 다

'주변 갈등'으로 건강을 해쳐 병원을 찾는 사람들을 간혹 볼 수 있다. 이들은 사소한 오해로 말다툼을 하거나, 계속 짜증나 있는 상태로 지내는 경우가 많았다. 확실히 서로 으르렁거리며 우울한 기분으로 하루하루를 보내는 건 정신적으로 꽤나 스트레스다. 특히 하루 종일 집에만 있는 전업주부들에게 이런 종류의 고민을 듣는 경우가 많다.

이웃과 잘 지내지 못한다 해서 비싼 대출을 끼고 산 집을 당장 팔라곤 할 수 없다. 아이들이 아직 어리기라도 하면 스트레스 해소를 위해 외출하는 것조차 쉽지 않다. 남편에게 그런 고민을 호소해도 '별 문제 아닐 거'라고 넘겨 버린다. 구체적인 내용이 '괜히 싫은 감정', 혹은 '본인만이 느낄 수 있는 정도의 괴롭힘' 같은 것이라 언뜻 큰 문제처럼 보이지 않기 때문이다.

하지만 사소한 스트레스라 할지라도 거의 매일 싫은 마음을 안고 있으면, 점차 자율신경계의 밸런스가 무너져 면역력도 함께 저하된다. 감기도 잘 걸리고 위통 또한 심해진다. 자주 생기는 두통이 잘 낫지 않고 점차 만성적으로 변해 간다. 약을 먹어도 잘 듣지 않으며, 건강은 나날이 악화일로를 걸었다.

혜수의 경우 젊을 때부터 그 마을에서 살았다. 그래서 지역 사정도 비교적 잘 알고, 남편들끼리도 서로 알고 지내는 터라 그동안 이웃 주민들과 비교적 안정된 관계를 유지해 왔다. 하지만 이번 남편의 전근과 부재, 이웃의 가정사 변화로 인해 나머지 주민들의 태도가 크게 달라진 것이다.

오랫동안 이 마을에 살고 있는 한 이웃에 따르면, 옆집 여자는 원래 정신적으로 불안한 점이 있었다고 한다. 젊을 때는 미인에 꽤나 총명하다는 소리를 들었다고 한다. 하지만 사장과 결혼한 뒤 전처와의 사이에서 애매한 입장에 처했던 것이다. 건강 문제로 자신이 아이를 낳지 못하는 점도 있어, 전처 아들이 회사의 후계자가 되면서 장래에 대한 불안과 스트레스로 늘 괴로워하는 모습이라고 했다. 남편이 암으로 죽고 난 뒤로는 심신이 다 지쳐 있는 듯 보였다. 그런 그녀의 눈에 혜수씨 부부의 생활은 어떻게 비쳤을까?

나이를 먹어도 여전히 금슬 좋은 부부, 게다가 대학생인 아들도 잘 커서 가정이 다복해 보였다. 그리고 남편이 전근을 가도 아내가 따라가 이것저것 돌봐 준다. 혜수에게는 지극히 보통의 행동이었어도 '남의 떡이 더 커 보인다(隣の芝生は青い)'는 일본 속담처럼, 그녀의 눈에는 실제 이상으로 부럽게 보였을지 모른다.

혼자 살며 느끼는 외로움에 더해, 인근에서 발생한 총기 사건은 어느새 그녀를 불안한 정신 상태로 내몬 듯했다. 이렇게 '침울하고 초조하며 불안한' 감정이 계속 쌓이게 되면서 '매일 집에 오기 어렵다'는 혜수의 말을 믿지 않는다. 아니, 믿으려고조차 하지 않았다. 불가피하게 자주 올 수 없는 사정조차 '또 자기 편한대로만 행동하네' 하는 식의 오해만 부를 뿐이다. 처음에는 온화한 대응으로 일관하던 혜수였지만, 매일 정신적인 공격을 받으며 어느새 심신이 다 지쳐 버렸다.

혜수는 정기적으로 병원을 찾아 가벼운 약을 복용하거나 전문적인 카운슬링을 받았다. 하지만 원래 고민을 오래 두지 않는 성격이기도 해, 그녀는 서서히 회복할 수 있었다.

이 웃 집 신 고 로
경 찰 까 지 출 동 한 해 프 닝

그 후 6개월간 혜수에게 아무런 소식이 없었다. 그러던 연말쯤 이번에는 그 남편이 명치 쪽의 쓰라림을 이유로 함께 내원했다. 검사에서 역류성 식도염이라는 결과가 나와 일단은 안심할 수 있었다. 그리고서 필자는 이후의 상황에 대해 물었다.

"덕분에 저희도 그럭저럭 잘 지내고 있었습니다. 연말연시는 휴가이기도 해서 오랜만에 집에 돌아왔고요. 아이와 셋이서 가족끼리만 단출하게 휴가를 보내려 합니다."

"아, 그랬군요. 잘됐네요. 가족끼리 좋은 시간 보내셨으면 합니다."

필자도 그 이야기를 듣고서 안심할 수 있었고, 연말 인사를 나눈 뒤 헤어졌다. 하지만 그로부터 1주일도 지나지 않아 혜수씨 집에는 큰 사건이 일어나 가족 모두가 모인 연말연시에 병원으로 찾아오는 일이 벌어졌다.

그날은 새해도 밝아 인사차 여기저기를 돌아다녔고, 모든 일정을 마친 뒤 가족이 함께 거실에서 편히 쉬고 있었다. 아들은 새로 산 TV 게임을 즐기고 있었다고 한다. 그 때 혜수는 갑자기 밖이 시끄럽다는 사실을 깨달았고, 마침 사이렌 소리가 들렸다.

"무슨 일이지? 경찰차? 아니면 구급차? 혹시 이웃집에서 신년 떡 먹다가 목에 걸린 거 아냐?"

남편과 농담 섞인 대화를 나누던 중 갑자기 인터폰이 울렸다. 동시에 누군가 현관문을 난폭하게 두드리며 큰 소리가 났다. 혜수는 당황하며 문을 열었다. 그 순간 경찰 몇 사람이 문 안으로 달려 들어왔다.

"그 때 현관문을 열기 위해 급히 나가다가 넘어졌던 거군요. 그렇죠?"

나는 혜수에게 당시 상황을 확인했다.

"예, 큰일은 아니라고 했는데, 아이가 굳이 병원에 가봐야 한다고 해서…."

"안 돼, 엄마. 이건 훌륭한 증거가 될 거라고요."

엑스레이 검진 결과 왼쪽 발목의 복숭아뼈가 미세하게 금이 간 사실을 알 수 있었다. 내부 출혈로 인해 발목 역시 상당히 부어 있었다.

"어쨌든 지금으로선 안정을 취하는 게 급선무입니다. 이후에는 가벼운 염좌도 조심해야 하고요. 지금은 아무 일 아닌 것처럼 보여도 나중에 머리와 목 쪽도 아플 수 있습니다."

대체 이 집에 무슨 일이 벌어진 걸까? 혜수는 상당히 충격을 받은 모습이었다. 남편에게 사건의 경위를 물었다.

"어젯밤에 큰 소동이 벌어졌거든요. 우리 셋 다 한 숨도 못 잤습니다. 아니, 지금은 이런 상태이니 나중에 상세한 이야기 해드리겠습니다. 일단 진단서부터 한 통 부탁드릴게요."

그로부터 1주일 뒤 혜수의 아들에게서 지금까지의 상황을 설명하는 편지가 도착했다. 그는 대학에서 법률을 공부했으며, 지난해 사법시험에 합격했다. 하지만 이번 일을 통해 경찰의 횡포에 다시금 놀랐다고 한다. 엄마를 각별히 생각하는 그로서는 혜수가 넘어져 아픈데도 불구하고, 가족을 마치 범죄자처럼 다루며 강압적으로 심문하는 경찰의 태도에 큰 분노를 느꼈다고 한다.

영장도, 그 어떤 증거도 없는데 '묻고 싶은 게 있으니 경찰서로 가자'고 강요했다는 것이다. 그 편지에 따르면, 이번 일이 벌어진 건 이웃 여자의 전화 신고가 계기였다고 한다.

"지금 이웃집에서 총기 사건이 벌어지고 있는 것 같아요! 이웃집 아들이 총을 난사하고 있어요. 정말 무섭습니다. 빨리 와 주세요!"

그렇게 이웃집 여자가 전화상으로 경찰에게 절규했다고 한다. 그 전날에도 인근에서 총기 사건이 벌어진 탓에 예민해 있던 경찰은 '총기사건이 또 벌어졌다'는 생각에 긴급히 충돌했고, 그렇게 혜수의 집을 급습했던 것이다.

영장도 없이 무리하게 집에 쳐들어온 경찰들에게 아들이 법률용어를 구사하며 대응했다. 대화 중 그가 사법 관계자라는 사실을 안 경찰들은 이내 태도를 바꿨다고 한다. 결국 '아들이 하던 총 게임 소리로 인해 이웃집 여자가 패닉에 빠졌다'는 사실을 알고서 경찰들은 돌아갔다. 사소한 오해가 연초부터 시끄러운 해프닝을 일으킨 것이다.

다른 옆집 사람에 따르면, 이웃집 여자는 전부터 말하는 게 조금 이상했다고 한다. '혜수씨 아들이 사격 연습을 하고 있다며 큰일'이라고 걱정했다는 것이다. 하지만 그 이야기를 잘 들어 보면 10년도 훨씬 넘은 시기, 그가 어린 시절 친구들과 정원에서 하던 '총 싸움' 놀이였다는 사실을 알 수 있었다.

"나는 이전에 혜수씨 남편에게 괴롭힘을 당했어요. 남편이 죽고 나서 그가 나를 유혹하는 눈길로 지긋이 바라봤죠. 하지만 내가 그런 여자 아니라고 하니까 갑자기 막 화를 내며 날 밀치더군요. 진짜 거짓말 아니라니까요."

이웃집 여자는 주변에 그런 이야기를 마구 떠벌리고 다녔고, 이에 걱정되는 주변 사람들이 '병원에 한번 가보는 게 어떠냐'며 넌지시 충고했다고 한다. 결국 근처 병원을 찾은 그녀는 '인지증(認知症)이 의심된다'는 이야기를 들었다고 한다.

"그 사람 아직 그럴 나이도 아닌데…, 최근 TV에 자주 나오는 '청년성 인지증' 그거 진짜 큰 병이거든요."

다른 옆집 여자는 목소리를 낮추며 조용히 말했다. '세상에는 아직도 별별 일들이 다 있네요. 이번 일을 계기로 변호사가 되어 세상에 억울한 일을 겪은 이들을 조금이라도 돕고 싶다는 생각이 더 강하게 들었습니다.' 혜수 아들의 편지는 그렇게 끝을 맺었다.

깨닫지 못하는
'인지증' 문제

흔히 '인지증'이라 하면, 누가 봐도 이상한 말이나 행동을 하기 때문에 '금세 알아챌 수 있다'고 여기는 사람들이 많다. 하지만 실제로는 '인지증' 진단이 내려지기까지 상당한 시간이 걸리는 경우가 많다.

특히 '뇌혈관성 인지증'에서는 언뜻 일반적인 생활을 하며 아무런 문제가 없는 듯이 보일 때가 많다. 장애를 입은 뇌 부분에 따라 말의 이치가 맞지 않거나 건망증이 심한 경우는 있지만, 평소 알고 지내는 이들과 인사도 하고 일상적인 대화도 가능한 데서 문제가 있다는 사실을 인지하지 못하는 경우가 대부분이다.

위 사례에도 등장한 이웃집 여자에 대해 말하자면, 이전부터 이치에 맞지 않는 이야기를 자주 해 왔다고 할 수 있다. 혜수의 아들이 사격 연습을 했다고 한 것도 그가 어릴 때 했던 일과 착각했을 만큼, 기억과 인지 기능에 장애가 있는 것 같았다. 혼자 사는 데다, 근처에서 벌어진 총기 사고로 신경과민 상태에 이르러 옆에서 들리는 게임 총소리에도 놀라 패닉에 빠진 것이다.

'혜수의 남편에게 유혹을 당했고, 그것을 거절했더니 때렸다'는 이야기는 더더욱 현실성이 결여되어 있다. 이전 누군가에게 받았던 폭력 행위와 혼동한 게 아닐까 싶은 의구심마저 든다. 물론 그것만으로 무턱대고 '인지증' 진단을 내릴 수 없다. 더구나 60세 정도의 나이였기에 뇌의 CT 촬영이나 MRI, 인지기능에 관한 테스트 등을 종합해 결정할 필요가 있다.

아무리 건망증이 심하고 인지증 진단을 받아도, 보통 생활에 별다른 문제가 없으면 굳이 강한 약을 쓸 필요가 없다. 오히려 지금까지 해 온 대로 생활을 지속할 수 있는 경우가 대부분이다. 가족이나 주변 사람들의 도움만 있으면 다소 건망증이 있어도, 지금까지 살아온 대로 지낼 수 있는 가능성은 충분하다.

오히려 인지증에서 큰 문제가 되는 건 '배회', '화재 강박', '도난당했다는 망상' 같은 것이다. 특히 마지막에 든 '망상'의 경우 '며느리가 내 돈을 훔쳤다', '이웃 사람이 중요한 내 물건을 가져갔다'는 식으로 '큰 소동'으로 비화되는 경우가 있다. 또 가족이나 주변 사람을 적으로 돌려 본인의 상황을 더더욱 악화시키는 경우도 있다.

'위험한 이웃' 중에는 간혹 이런 인지증이 뒤섞여 혼동되는 경우가 있다. 따라서 이야기하는 내용이 현실과 괴리되었거나 피해망상처럼 보일 때에는 단순히 '거짓말쟁이', '나쁜 사람'이라고 단정 짓지 말고 '혹시 병이 아닐까?' 합리적으로 의심해 볼 필요가 있다. 특히 연령상 아직 젊어도 '청년성 인지증', '청년성 알츠하이머병' 같은 진단이 내려지는 경우 역시 늘고 있으니 주의하자.

물론 이웃 사람에게 다짜고짜 "병원에 가보는 게 어떠냐"고 하면 더 큰 오해나 갈등이 생길지도 모른다. 따라서 이 경우 오히려 직접 말하기보다는 상대방의 말이나 행동이 이상할 때 그 가족에게 조용히 알리는 편이 훨씬 좋다. 이 사례에서는 이웃집 여자의 남편이 죽으며 그녀의 행동을 아무도 제어할 수 없었다. 하지만 경찰이란 제3자가 개입하면서 문제가 명확해진 게 결과적으론 더 좋았다고 할 수 있다. 비록 그렇게 될 때까지 혜수와 그 가족들이 육체적으로나, 정신적으로 큰 고통을 겪긴 했지만….

주 변 갈 등 을
일 으 키 는 배 경

혜수의 발 부상도 나았고, 가족들의 생활도 시간이 흘러 비로소 안정을 되찾을 수 있었다. 남편은 이번 소동으로 큰 충격을 받아, 회사 측과 협의하여 원래 근무지로 되돌아왔다고 한다. 봄부터는 원래 살던 집에서 통근하게 되었다. 혜수의 생활이 다시 원상회복된 것이다. 이웃집 여자의 공격도 일단락되었다. 그렇다곤 해도 미워하는 마음까지 완전히 변하지 않았다.

"그런 사건을 벌여 놓고서 아무렇지도 않은 듯 살 수 있는 거야?"

"그냥 여기서 떠나는 게 어때?"

그녀의 횡포는 계속 되었지만, 그것이 병 때문이라고 생각하니 별로 화도 나지 않았다. 오히려 주변 사람들에게 '위험 인물'로 간주되는 그녀가 불쌍하다는 생각마저 들었다. 이웃집 여자는 '병원에 다니면서 치료를 받자'는 조카의 제안을 매몰차게 거절했다. 자각이 없는 탓인지 그럴 생각 자체가 없었다.

그러던 어느 날 병원으로 긴급한 전화가 걸려 왔다. 혜수의 휴대전화였다.

"선생님 큰일 났어요. 이웃집 여자가 쓰러졌습니다. 어떻게 해야 할까요?"

"어떤 상태죠?"

"정원에서 쓰러지는 걸 봤어요. 놀라 달려가 보니 입에서 피를 토하고 있어요. 아직까지 호흡은 괜찮은 거 같습니다."

"그럼 바로 구급차를 부르세요. 가까운 병원으로 서둘러 데려가십시오."

혜수는 일단 급한 마음에 우리 병원으로 전화했지만, 우선은 응급병원으로 보내는 게 중요했다. 필자도 걱정되는 마음이 들었지만, 일단 사태 추이를 지켜보는 수밖에 없었다. 그로부터 며칠 뒤 혜수가 외래 진료차 병원을 찾았다. 보자마자 나는 이웃집 여자가 어떻게 되었는지부터 물었다.

"다행히 목숨은 구했습니다. 저도 크게 놀랐는데, 너무 다행스럽더라고요. 그대로 죽으면 어쩌나 내심 걱정했었습니다."

"어쨌든 다행이네요. 그런데 대체 무슨 일이 있었던 건가요?"

"식도의 혈관이 파열되었다고 합니다. 그래서 간 상태가 상당히 좋지 않았다고 하더라고요."

"그렇군요? 그래도 큰 도움 주시고 잘하셨네요."

"그녀 가족 중 누군가가 '덕분에 목숨을 구할 수 있어 감사하다'고 하더군요. 담당의사 말로는 10분만 늦었어도 위험했다고 합니다."

다행히 목숨을 구한 것으로 혜수와 이웃집 여자 가족 모두 놀란 가슴을 쓸어내렸다. 하지만 왜 그렇게 간 상태가 나빴던 걸까?

"사실 그 여자가 상당히 많은 술을 마셨던 거 같아요. 일종의 알코올 중독 같은…."

그녀에게 이 같은 사실을 귀띔해 준 건 '이웃집 여자에 대한 정보통'인 다른 옆집 여자였다.

"자세한 내막까지는 몰라도, 젊을 때 그 여자가 술집에서 일했던 것 같아요. 거기서 죽은 사장 남편을 알게 되었다고 하더라고요. 보면 알지만 꽤 미인이고, 남자들이 좋아할 스타일이잖아요. 아마 그 사장도 그녀에게 반했겠죠. 결국 전 부인과 헤어지고, 저 여자랑 재혼했던 거예요. 그러니 주위에서 곱게 봤을 리가 없겠죠."

그러면서 옆집 여자는 말을 이었다.

"하지만 그 후에 아이가 생기지 않으면서 부부 관계가 어긋났던 것 같아요. 가끔 밤늦은 시간에 남편이 큰 목소리로 화를 내곤 했는데, 혹시 그 소리 들은 적 없나요? 아마 그때부터 점점 술을 마시기 시작했던 거 같아요. 저번에도 아침에 만났는데 술 냄새가 진동을 하고 안색도 많이 안 좋더라고요. 만날 때마다 하도 어이없는 소리를 잘해서 인지증 아닐까 내심 의심은 했었는데, 이미 술에 쩌든 사람한테 무슨 이야기를 할 수 있겠어요."

이웃집 여자가 혜수의 집을 방문한 건 퇴원한 다음날이었다.

"저번에 너무 감사했습니다. 덕분에 목숨을 구할 수 있었어요. 한 달이나 입원했는데, 그래도 덕분에 무사히 퇴원했습니다. 입원하며 제 정신도 말끔해진 기분입니다. 의사 선생님이 더 이상 술을 마시지 말라고 하셔서요."(웃음)

그녀는 이제 걱정할 일 없다는 듯 웃으며 감사의 뜻을 표한 뒤 집으로 돌아갔다. 혜수는 조금 복잡한 마음이 들었지만, 한편으로 그동안의 고통에 대한 보상을 받은 것 같아 조금은 안심할 수 있었다.

병이
공격성을 낳는다

　　이유 없이 누군가를 공격하는 '병'으로 '인지증' 외에 '알코올성 뇌증' 같은 질환도 있다. 이 같은 문제 행동으로 이어지는 병들의 특징은 다음과 같다.

① 자신이 병에 걸렸다는 자각이 없다.
② 주위 사람들이 봤을 때 언뜻 건강해 보인다.
③ 상식에서 벗어난 말이나 행동을 한다.

　　일반적으로 술을 오랜 기간 마시면 뇌의 신경세포가 알코올 독성에 의해 변성을 일으킨다. CT 촬영이나 MRI로 조사해 보면 뇌가 위축되어 작아지고, 두개골과의 사이에 커다란 틈이 생긴다. 특히 지적인 판단을 하는 전두엽 부분의 위축이 강해져, 판단력이나 인지 기능에 적잖은 장애가 초래된다.

최근 연구에서는 '다량의 음주를 즐기는 사람은 인지증에 걸리기 쉽다'는 사실이 밝혀졌다. 핀란드의 한 조사에서는 '다량의 음주자가 인지증에 걸릴 확률은 통상 2.6배에 달하며, 시설에 입소한 인지증 환자 가운데 29%가 알코올 중독자'라는 보고도 있다.

'알코올성 인지증'이라는 진단도 최근 들어 크게 늘었다. 비교적 젊은 층에서도 인지증상이 많이 발견되기 때문에 '청년성 인지증'의 일부는 이 같은 알코올이 원인이었다고 평가받는다. 또 '알코올 의존증(중독) 치료를 받는 사람들 중 약 40%에서 어떤 종류의 인지 장애를 볼 수 있다'는 연구 결과까지 나와 있다.

사실 술을 마시면 비타민 등이 흡수되지 않아 비타민 결핍 증상이 나타나기 쉽다. 알코올과 관련된 병으로 잘 알려진 것이 '베르니케 뇌증(Wernicke's encephalopathy)[7]'과 '코르사코프 증후군(Korsakoff's syndrome)[8]'이다. 둘 다 비타민 B1이 저하되며 발생하는 뇌 장애로, 특히 코르사코프 증후군에서는 건망증이 심해져 말의 이치를 맞추기 위해 '의도적으로 말을 만들어내는' 게 특징으로 꼽힌다. 일반적인 대화에는 문제가 없어 처음에는 쉽사리 깨닫지 못하지만, 돌연 주위에 큰 소란을 일으키는 경우가 있다.

사례에서 나온 혜수의 이웃집 여자는 젊을 때부터 술 마시는 직업을 가

7　비타민 B1의 결핍으로 생기는 뇌 장애로 만성 음주자에게 흔하게 발견되는 병이다. 의식 장애, 안면 마비, 안구 진동 등의 증상을 갖는다.
8　장기간 알코올 중독에 빠진 이가 겪는 뇌 손상 원인의 중증 기억장애.

졌다. 사장과의 결혼 전후로는 술을 마시지 않았을 가능성도 있지만, 떠도는 소문을 종합해 보면 남편과의 관계가 악화되면서 알코올로 외로움을 달래려 했을 가능성이 높다.

이들 부부 사이에는 아이가 생기지 않았다. 사장은 후계자 선정을 고민한 끝에 전처와의 사이에서 낳은 아들로 정했다. 그 과정에서 후처인 이웃집 여자는 아무것도 할 수 없었으며, 모든 결정은 사장의 의지대로 이뤄졌다.

혜수는 항상 이웃집 여자에 대한 이야기를 전해 준 다른 옆집 여자에게 물었다.

"피를 토할 때까지 간이 나빠졌다면 더 일찍 의사를 찾아갈 순 없었을까요?"

그런 이야기를 듣자 옆집 여자도 길게 한숨부터 내쉬었다.

"역시 무리였겠죠. 남편까지 포함해 주변 사람 모두를 적으로 돌린 상황에서 그 여자도 자기 약점을 보여 줄 수 없었을 거예요."

아마 이웃집 여자도 자신의 몸 상태가 좋지 않다는 사실을 일찍부터 자각했을 것이다. 그럼에도 그것을 굳이 감추며 알코올로 외로움을 달랬으리라. 유일하게 의지가 되던 남편과의 관계가 나빠졌고, 전처 아들을 차기 사장으로 받아들여야만 하는 상황. 그에 비해 옆집에 사는 혜수는 부부 사이도 좋고 아들도 잘 컸으며, 세상의 행복을 다 만끽하는 듯 보였다. 그녀는 '남의 떡'이 유달리 크고 부러웠음에 틀림없다.

알코올 때문에 뇌의 움직임이 둔해지고, 간 기능 저하로 몸 상태도 나빠졌다. 그녀의 '원통함(혹은 질투)'은 혜수씨 가족에 대한 망상과 공격으로 나타났던 것이다. 하지만 목숨을 구해 준 데 감사함을 표하고자 혜수를 찾아왔다 해서, 그녀에 대한 질투가 완전히 사라졌는지는 알 수 없다. 다만 혜

수는 이번 소동의 원인이 밝혀진 것만으로도 크게 놀란 가슴을 쓸어내릴
수 있었다.

"앞으로도 가족이 힘을 합쳐 어떤 문제건 극복해 나가야겠다고 생각했어요."
그렇게 이야기하는 혜수의 표정은 이전보다 확실히 밝아져 있었다.

'인지 왜곡'이
무섭다!

　이 장에서는 '인지 왜곡'을 일으키는 병에 대해 이야기했다. 도시 지역의 맨션 거주자들에 비해, 단독주택이 중심을 이룬 지방, 혹은 교외 지역에서는 평균 연령이 높고 고령화가 진행된 경우가 많은 편이다. 그로 인해 표면적으로 잘 드러나지 않는 '인지증' 문제를 각별히 주의해 둘 필요가 있다.

　특히 '뇌혈관성 인지증'으로 인해 말투나 이야기가 이상해진 경우 사소한 문제가 말다툼으로까지 비화되는 경우가 많다. 그중에는 이를 '난청' 문제로 오인해 '말이 제대로 전달되지 않는다'고 쉽게 오해하는 경우도 적지 않다.

　이 밖에도 '인지 왜곡'을 일으키는 병 역시 많이 있다. 굳이 병이라곤 할 수 없어도 사고방식 자체가 편향된 성격을 가진 사람 또한 많다. '그동안 이웃과 잘 지내 왔기에 별 문제 없다'는 식으로 섣불리 단정해선 안 되는 시대가 되어 버린 것이다.

물론 '주변과의 긍정적인 관계 유지(교제)'는 지금도 중요하다. 아이들이나 가족의 안전을 지켜 줄 수 있는 중요한 시스템이기 때문이다. 그러므로 이웃 상호간의 건강 상태나 커뮤니케이션에 대해 더더욱 세밀한 배려와 관심이 필요한 시대라 할 수 있다. 그런 주위 상황을 한 번 더 깊이 있고 세밀히 둘러보는 노력이 더욱 절실해진 것이다.

제4장

위험한 이웃

—

괴롭힘 편

언 제   어 디 서 나
발 생 하 는   괴 롭 힘

　'괴롭힘(Harassment)'이라 불리는 행위에는 다양한 것들이 있다. 이 중 여성에 대한 외설적인 말이나 행동을 가리키는 '성희롱(Sexual Harassment)'은 세간에 가장 널리 알려져, 기업의 임직원 교육 등을 통해 꾸준히 강조되고 있다.

　직장 등에서 지위나 권위로 상대방을 지배하려는 '지위희롱(Power Harassment)'도 빼놓을 수 없다. 이는 소위 '사내 괴롭힘'과도 관련이 있어, 직원의 우울증, 더 나아가 자살로 이어질 수 있는 원인 중 하나로 주목 받고 있다.

　프랑스의 정신과 의사 마리 프랑스 이리고엔(Marie-France Hirigoyen)은 말이나 행동에 따른 정신적인 폭력 행위를 총칭해 '정신적 괴롭힘(Moral Harassment)'이라 불렀다. 그녀는 이런 괴롭힘을 '정신적 살인'이라고 규정했다. 신체적인 폭력처럼 눈에 보이진 않지만, 그 자체만으로도 타인의 심신에 막대한 피해를 주기 때문이다.

'지위희롱'의 사례는 앞서 제1장에서도 다뤘기 때문에, 여기서는 '성희롱'의 대표적인 형태라 할 수 있는 '스토커' 문제를 구체적인 사례와 함께 검토해 본다.

신 혜 의
스 토 커   피 해

신혜는 20대 초반의 여성이다. 한눈에 봐도 미인에다, 스타일도 좋다. 모르는 남성이 말을 거는 게 일과라 해도 과언이 아닐 정도다. 꽤나 성가신 일일지 몰라도, 이미 학창 시절부터 그래왔던 그녀로서는 충분히 익숙한 일이다.

하지만 사회인이 된 뒤, 그녀는 부모와 떨어져 혼자 살게 되었다. 회사 일이 늦게 끝나거나 회식자리라도 있으면 신변의 위협을 느끼는 경우가 점점 늘었다. 길에서 모르는 사람이 말을 거는 수준이라면 약과다. 밤길에 기다리다가 불쑥 나타나거나, 어두운 골목길에서 갑자기 불러 세우면 섬뜩한 공포감이 든다. 간혹 이름조차 모르는 상대가 보내온 러브레터나 선물이 집에 도착하는 경우도 있었다.

거의 매일, 아무 말 없는 전화가 걸려 오고 자신도 모르게 찍힌 사진이 우편함에 꽂혀 있다. 아마 그녀가 모르는 사이 도촬된 게 분명했다. 어떻게 알았는지 생일날에는 꽃다발까지 보내왔다. 선물에 동봉된 카드에는 마치 사랑하는 이에게 보내는 듯한 달콤한 메시지가 적혀 있었다. 게다가 보낸 기억이 없는데도 '발렌타인데이 선물의 보답'이라며 답례품까지 받은 적이 있다.

이 같은 일은 비단 생일이나 ○○데이 때만이 아니다. '○○ 기념일'이라고 멋대로 적어, 한 달에 한 번 보내던 선물 빈도가 점차 잦아지더니 이제는 매주, 더 나아가 거의 매일 보내오기 시작했다. 처음에는 손수건이나 키홀더처럼 아기자기한 소품이 대부분이었지만, 그것이 점차 인형, 액세서리로 변했다. 최근에는 아예 속옷까지 보내왔다. 신혜가 신변의 위협을 느끼게 된 것도 결코 무리는 아니었다.

그녀는 이런 남모르는 사람의 구애를 피하고자 안전한 곳을 찾아 이사를 결심했다. 이사 후 안도하는 것도 한 순간. 얼마 지나지 않아 같은 일이 또 반복되었다. 고심 끝에 신혜는 경찰서에 피해신고를 하였지만 "직접적인 위해를 가하지 않았고 상대방이 누군지 전혀 모른다"고 하자, 경찰은 "그래선 조사할 방법이 없다"고 답변했다. 그리고선 "무슨 일이 있으면 연락 달라"는 말만 반복했다.

"무슨 일이 있으면 연락 달라고요? 만일 저한테 무슨 일이 벌어지면, 그때는 어떻게 연락하죠?"

화가 나 담당 형사에게 따지듯 물었지만, 그는 특별히 대꾸하지 않았다. 마치 상대조차 해 줄 생각이 없다는 표정으로….

스 토 커 를
만 들 어   내 는   조 건

　그럼 '짝사랑'과 '스토커'의 차이는 무엇일까? 실제 상황에서는 '그 행위를 받는 사람의 의사(기분이 좋은지, 나쁜지)'로 결정되는 경우가 많다. 누구든 이성에게 인기 있는 것을 좋아한다. 어떤 이성에게 호의를 받는 데서 기쁨과 만족을 느끼는 경우가 많다. 마침 상대방이 자기가 좋아하는 타입이라면 더더욱 그렇다. 좋아하는 상대에게 선물을 받고 데이트 하자는 제안을 받는다면, 아마도 기분이 매우 좋을 것이다.

　하지만 상대가 자기 타입이 아닌 경우라면 어떨까? 상대는 자신을 정말 좋아할지 모른다. 그동안 계속 사모해 왔다고 말하며 애절한 표정을 지을지도 모른다. 하지만 당신은 그 사람을 사랑하지도, 좋아하지도 않는다. 이럴 때 상대방이 "당신이 좋아해 줄 때까지 기다리겠다"고 하면 더더욱 곤란하다. 아니, 정말 난처하다.

상대방이 더 이상의 부담을 주지 않고, 단지 차 한잔 하거나 푸념을 들어 주는 정도라면 '좋은 친구'로 지낼 수도 있다. 실제 그런 관계로 지내는 사람도 꽤 된다.

하지만 어떤 이들은 그조차 참아 줄 수 없다. 왜냐하면 '자신이 이만큼 좋아했기 때문에 상대방이 조금이나마 관심을 보였다'고 제멋대로 오해하기 때문이다. '쌀쌀맞은 체했던 건 그냥 자존심을 세우려는 행동일 뿐, 사실은 나를 좋아했던 게 아닐까?' 상대방은 그렇게 오해한다. 물론 그 생각은 100%, 아니 200% 틀렸다.

연애 호르몬 중 하나로 불리는 '토파민(Topamin)'은 일종의 환각과 망상을 일으키는 신경전달 물질이다. '사랑에 빠졌을' 때는 누구나 그렇겠지만, 상대방의 심경이나 의사를 냉정히 평가할 수 없다. 그렇기 때문에 대부분의 사람들은 '혹시 상대방은 (내 생각과 달리) 그럴 마음이 없는 게 아닐까?' 하는 조심스러운 생각에 지나친 행동을 자제한다.

하지만 이 '심리적 브레이크'가 고장나거나 충분히 작동하지 않을 때는 '사실은 날 좋아할 거야. 그러니까 선물을 더 주고 내 마음을 더 열심히 전하면 상대방에게 답을 얻기 쉬울 거'라 생각해 더 적극적인 선물 공세에 나서게 된다. 메일로 매일매일 '사랑의 메시지'를 보내고, 휴대전화로도 연일 '전화 공세'를 벌인다.

그 대상이 된 입장에서는 결국 "죄송해요. 받아들이기 어려울 것 같습니다", 혹은 "싫다고 몇 번이나 말했는데, 상당히 성가시게 구네요"처럼 냉정하게 말할 수밖에 없다. 하지만 그 정도(?)로 '스토커'는 좌절하지 않는다. 저 말조차 '진심이 아닐 거'라는 생각에 점점 더 행동의 강도를 더한다. 심지어는 집에 돌아올 때를 노려, 상대방의 집 앞에서 계속 기다린다.

특히 여성의 경우 그런 행동에 '공포'를 느끼는 게 당연하다. 지인이나 친구에게 도움을 청하고 부모님과 상담한다. 하지만 그렇다 해서 특별히 효과적인 대응을 취하기도 어렵다. 마지막에는 경찰서를 찾아가 도움을 요청하지만, 아직 '사건'이 벌어지지 않았기에 경찰도 바로 움직이지 않는다.

최근 일본의 경우, '스토커 살인'이 늘어났기 때문에 이전보다는 더 적극적으로 대응해 주기도 하지만 아직 충분한 정도는 아니다. 결국 스토커의 타깃이 되면, 신혜처럼 막상 대응할 방법이 없어 곤란함을 겪는 사례가 많다.

절망한 스토커의
복수

원래 신혜는 꽤나 다부진 여성이었다. 그래서 여러 가지 생각한 끝에 그녀는 호신술을 배우기로 했다. 방범 휘슬이나 최루 스프레이도 항상 소지하고 다녔다. 그리고 일을 마치는 시간이 되면 밝고 사람들이 많이 다니는 큰 길을 택하고, 주변을 계속 신경 쓰면서 집으로 돌아갔다.

하지만 이사 갈 때마다 선물 공세는 이어졌고, 그 결과 1년에 세 차례나 이사를 했다. 비용도 비용이지만, 이제는 이사 그 자체도 지쳤다. 이에 신혜는 고심 끝에 '룸 셰어'라는 대안을 찾아 비슷한 연배의 여성과 함께 살기 시작했다. 룸메이트가 된 사람은 '호신술 학원'에서 알고 지낸 지인에게 소개 받은 '격투기 유단자'였다. 외모나 성격 모두 신혜와는 180도 다른 타입으로, 상당히 보이시한 이미지의 여성이었다. 스토커가 좀처럼 가까이하기 힘든 인물로, 항상 청바지에 트레이닝 점퍼를 걸친 모습이었다. 신혜와 나란히 사진을 찍으면 '남녀 커

플 같다'는 이야기도 종종 듣곤 했다.

둘이서 다니자, 일단 지금껏 모르는 남성이 말을 걸던 일들이 사라졌다. 주위에 든든한 상대가 있다고 생각하니 꽤나 안심이 되었다. 실제로 선물 공세도 한동안 잠잠해졌다. '휴~ 이제야 겨우 해방되었네.' 신혜는 가슴을 쓸어내리며 내심 안도했다. 하지만 사태는 그리 쉽게 수습되지 않았다.

상대방도 오랜 기다림에 지친 탓인지, 이번에는 아예 협박을 담은 편지를 보냈다. 그 내용은 마치 지금껏 함께 살아온 사람이 쓴 문장 같았다. '지금까지 나는 성심성의껏 대해 왔고, 당신도 거기에 응했다. 그런 우리의 아름다운 기억이 무너지는 것처럼, 다른 놈과 친하게 지내는 당신의 모습을 차마 눈뜨고 볼 수 없다.'

마치 자신을 버리고 다른 남자에게 간 아내에 대한 불만을 토로하는 글 같았다. 한과 분노가 담겨, 룸메이트도 그것을 읽고 "이 사람 진짜 제정신이 아닌 것 같다"고 혀를 내두를 정도였다. 그리고 선물 내용도 급격히 변했다. 시든 장미 다발에, 곤충 사체. 신혜는 우편물을 받을 때마다 공포에 질렸다.

그러던 어느 주말 오후, 형사가 갑자기 신혜의 집을 찾았다.

"혹시 이 사람 아시나요?"

형사가 보여 준 사진 속 남자를 신혜는 전혀 몰랐다.

"최근 경찰에 스토커 피해를 호소하신 적 있죠? 받으신 편지 혹시 아직도 갖고 계시나요? 저희가 발송인을 확인 좀 하겠습니다."

"기분 나빠서 전부 버렸어요. 혹시 사진 속 이 남자가 범인인가요?"

"…"

아무 말도 하지 않는 형사를 앞에 두고 신혜는 흥분된 목소리로 말했다.

"이 사람이 범인이면 빨리 좀 잡아 주세요!"

하지만 형사의 반응은 조금 떨떠름했다.

"동거하고 계신 남자 분은 지금 집에 계신가요?"

"예? 남성이요?"

그때 신혜의 뒤로 허스키한 목소리가 들렸다.

"무슨 일이야? 누가 왔어?"

룸메이트가 낮잠에서 깬 것 같았다. 머리를 긁적이며 현관에 모습을 드러냈고, 그 모습을 본 형사들은 순간 움찔했다.

"형사? 형사님들이 여기는 어쩐 일이시죠?"

룸메이트는 형사들을 바라보며 말했다. 잠시 어색한 기운이 흐른 가운데, 형사가 룸메이트에게 사진을 보여 주며 물었다.

"이 얼굴 기억하시죠?"

"어! 이 자식 얼마 전 우리 집 앞에 어슬렁거리던 놈인데. '항상 우리 신혜랑 같이 다니는 게 너구나' 하면서 달려들길래, 가볍게 암바 걸어서 혼쭐을 내줬지. (짐짓 놀라며) 아, 형사님. 그건 정당방위였어요. 왜냐하면 이 자식이 칼을 들고 위협하지 뭐예요."

그 말을 듣고 형사들은 서로 얼굴을 마주 봤다.

"뭐야, 혹시 이 자식이 저 고소한 거예요?"

룸메이트가 어이없어 하며 되묻자, 형사 중 한 명이 말을 가로채 물었다.

"혹시 이 남자를 고소하셨나요?"

그러면서 형사는 룸메이트에게 아까 그 사진을 내밀었다.

"아니요. 나는 다치지도 않았고, 신혜 주위에 어슬렁거리지만 않으면 될 거라고 생각했으니까요."

"알겠습니다."

형사들은 한마디 대꾸만 한 채 집을 나섰다.

그 이유는 잠시 뒤 알 수 있었다. 사실은 이 남자가 자살했던 것이다. 게다가 신혜의 사진을 손에 꼭 쥔 채. 그 사실을 알고 충격으로 쓰러진 건 룸메이트였다. 제대로 잠을 잘 수 없고, 간혹 잠이 든다 해도 가위에 눌려 금세 깼다. 그런 날들이 이어지면서 걱정이 된 신혜는 룸메이트를 데리고 병원을 찾았다.

사건의 경위는 이렇다. 자살한 그 남자는 신혜에게 계속 무시당하자 자신의 행동에 점차 수위를 높여 갔다. 게다가 룸메이트를 남성으로 착각했다. 그리고 신혜를 빼앗겼다고 생각한 나머지, 그는 칼까지 들고 그녀의 집을 찾았던 것이다. 하지만 그 모습을 룸메이트가 먼저 발견하고 거꾸로 얻어맞기까지 했다. 절망한 그는 스스로 목숨을 끊으며 '최고의 복수극'을 계획했다. 이렇게 하면 신혜의 마음속에 계속 살아 있을지도 모른다는, 무서운 착각을 하면서 말이다.

일본에서 '스토커 행위 등의 규제에 관한 법률', 통칭 '스토커 규제법'이 제정된 건 지난 2000년의 일이다. 사례로 든 신혜 이야기는 그보다 이전에 벌어졌던 일이다. 지금은 신혜와 룸메이트 모두 결혼해 각자의 가정을 꾸리며 행복하게 살고 있다고 한다. 어쩌면 그것이 궁극적인 상황 탈출이었을지도 모른다.

스 토 커 로 변 해 가 는
인 물 의 심 리 분 석

　'스토커 살인' 같은 흉악범죄를 뉴스에서 듣게 되는 경우가 늘고 있다. 이전에는 '단순히 쫓아다니는 정도론 수사 대상이 되지 않는다'던 경찰 관계자들도, 살인으로 이어지는 피해 사례가 늘자 더욱 관심을 갖고 대처할 수밖에 없었다. 점차 스토커로 변해 가는 인물, 특히 남성에게는 어떤 특징이 있을까? 지금까지의 사례 등을 통해 알 수 있는 '스토커 특징'에 대해 정리해 보고 싶다.

① 자기중심적인 생각만 한다.

　'연애'는 상대와의 커뮤니케이션 위에 성립한다. 즉, '상대방의 기분을 배려하고, 자신의 생각을 잘 전달하는 상호작용이 매우 중요'하다. 하지만 스토커로 변해 가는 이들은 그 상호작용이 제대로 이뤄지지 않고, 지극히 자기중심적인 생각만 하는 경우가 많다.

자기 마음속으로는 '상대방을 기쁘게 하기 위해 선물을 주고 있다'며 내심 상대를 내세우는 듯한 태도를 보인다. 하지만 그런 태도 이전에 상대방의 기분을 충분히 이해하지 못하기 때문에, 결국 '선물을 주고도' 기분을 상하게 하거나 두려움을 갖게 한다.

② 프라이드/자존심은 세지만 자신감은 없다.

'자신이 지금까지 최선을 다했기에 상대방은 기뻐할 수밖에 없다'는 식의 이기적인 생각에서 알 수 있듯, 그들은 자기 프라이드와 자존심이 매우 세다. 하지만 그 '프라이드'는 진정한 의미에서의 '자신감', '자존심'과는 조금 거리가 멀다. 다양한 고난을 극복해 온 이들에게는 어려움을 겪는 이들의 마음을 잘 헤아리고, 어느 정도의 고난에는 좌절하지 않는다는 '여유'를 볼 수 있다.

반면 스토커로 변해 가기 쉬운 이들의 '프라이드'는 매우 약하고 상처받기 쉽다. 자신이 상처받는 것을 과도하게 두려워한 나머지, 힘든 길을 가급적 피하고 싶어 한다. 2차원 게임 등에서는 '주인님'이라 부르며 복종하는 메이드가 있고 편히 쉴 수 있는 휴식 공간을 제공받는다. 어쩌면 실생활에서도 애정 가득한 엄마를 통해 항상 보호받아 왔을지 모른다.

하지만 '연애'나 '사회생활'은 그리 간단하게만 이뤄지지 않는다. 타인과 교제하고 결혼하거나, 가정을 꾸려 가는 과정에는 수많은 난관과 장애가 기다리고 있다. 이들은 실제 생활에서 상대방에게 거절당하는 게 두렵고 자신의 프라이드를 상처받는 게 무섭다. 그래서 상대방의 기분을 이해하기 위해 노력하지 않고, 스스로 생각한 대로 '연애 게임'의 주인공을 '연기'할 뿐이다.

사실 연애나 사회생활에서 정말 필요한 건 상대방에게 거절당하거나 비난 받는 것을 두려워하지 않는 '용기'다. 자신의 의견이나 마음을 솔직히 털어놓고, 때로는 실연을 겪으며 자기혐오에 빠지기도 한다. 하지만 '거기서 헤어 나와 더 좋은 관계를 구축하고자 노력한다'는, 진짜 의미의 프라이드가 가장 필요한 것이다.

③ 질투심이 강하다.

'누군가를 사랑한다', 혹은 '누군가에게 사랑받는다'는 건 강한 감정으로 서로를 속박(구속)하는 행위이기도 하다. 자신은 누군가를 속박하면서 자신은 누군가에게 속박받기 싫어하는 건, 성숙한 어른의 사고방식이 아니다. 하지만 스토커나 그 예비군(?)에 해당하는 이들은 '상대방이 자신의 생각대로 행동하지 않는' 것을 참지 못한다. 질투심이 강해, 상대방을 자기 뜻대로 조종하고 싶다는 욕구를 항상 감추고 있다.

이는 앞서 이야기한 '세지만 약한 프라이드'와도 관계가 있다. 어릴 때부터 별로 혼나지도, 고생하지도 않고 자라 온 사람은, 대개 이 같은 프라이드에 속박되어 '자신의 지위를 위협하는 이들을 용서할 수 없다'는 생각이 강한 편이다.

'성적이 좋은 친구가 입시나 취업에 실패했으면 좋겠다. 혹은 외모가 뛰어나고 스타일 좋은 지인이 연애나 결혼에 실패했으면 좋겠다. 만일 그렇게 안 된다면 내가 발을 걸어서라도 실패하게 만들고 싶다.' 이런 타입은 연애 상대에게도 자신에 대한 복종을 무의식중에 강요하는 경향이 있다.

"다른 놈 절대 보지 마!"

"나 이외의 딴 녀석들에게 문자나 전화 하지 마!"

"내 허락 없이 놀러 가지 마!"

요구는 점점 더 수위를 높여, 어느새 범죄 행위에 가까운 일까지 벌이는 경우가 생긴다. 상대방이 자기가 말한 대로 하지 않으면 강한 분노에 사로잡혀 스스로를 주체하고 억제하지 못한다. 그리고 그런 생각이 너무 강한 나머지, 상대방에 대한 '제재'도 더욱 집요하고 거칠게 한다. '애인'이나 그 가족에 대한 '화', 혹은 '분노'는 '스토커 살인' 등의 범죄로 이어질 가능성이 크다.

괴롭힘과의
공통점

'괴롭힘' 문제는 앞선 사례에서 본 '스토커'와 언뜻 다른 것처럼 보일지
모른다. 하지만 문제가 발생하는 '메커니즘'은 닮은 점이 많다.

① 상대방을 지배하고 싶은 욕구가 기저에 깔려 있다.

스토커가 '이성에 대한 지배욕'으로 행동하듯, '지위희롱 상사' 역시 '부
하를 자기 생각대로 하고 싶다'는 강한 욕구에 따라 행동한다. 자신이 말한
대로 움직이는 부하를 좋게 보고 편애한다. 반면 자신에게 맞서거나 반기
를 드는 상대는 '괴롭힘'의 대상으로 삼는다.

② 자기 생각이 곧 행동의 기준이다.

스토커가 상대방에 대한 '제멋대로의 생각'으로 행동하듯, '지위희롱'의

가해자도 '자신의 생각'으로 공격하는 경우가 대부분이다.

'누가 봐도 이상하다'든지 '객관적인 기준에 비춰 문제가 있는' 상대라면, 주위에서도 이를 문제로 여기고 관리팀 같은 부서가 움직여 어떤 조치를 취할 것이다. '지위희롱'은 독단적인 생각이 정도를 벗어나, 이미 손을 쓸 수 없는 지경에 이르렀을 때 나타나는 결과라 할 수 있다.

③ 주위 환경도 크다.

'지위희롱'에는 '장소(무대)'가 중요한 요소가 된다. 학교에서의 괴롭힘처럼 '문제 소지가 있는 건 일단 덮고 보자'는 식의 폐쇄적인 사내 환경에서는 '사내 괴롭힘'이 발생하기 쉽다. 아니, 일상적으로 반복되는 경우가 적지 않다.

스토커는 집단적인 문제는 아니지만, 회사처럼 '서로 간섭하지 않지만 관계가 얕은' 환경에서는 도움을 기대하기 힘들어 상황이 더욱 악화되는 경우가 자주 있다. 결국 문제가 발생했을 때 그것을 확실히 '공개할 수 있고, 도와줄 수 있고, 시정할 수 있는' 환경이 지켜지는지가 중요하다.

괴롭힘의
3가지 조건

　직장 상사와 동료에게 심한 비난(질책)을 듣고 있다. 하루하루가 지옥 같다. 이는 '괴롭힘'이라 해도 좋은 것일까? 아니면 단지 내가 무능하기 때문일까? 당신이 여성이라면 직장에서 남성 상사로부터 "남자친구 있어?", "아이는 아직?" 같은 소리를 듣는다. 이때 다른 직원들이 그 모습을 보고 웃었다. 매우 불쾌했다. 하지만 이를 '성희롱'이라고 관리팀에 신고해야 할까? 아니면, 웃으며 대수롭지 않은 척 넘어가야 할까?

　'지위희롱'이든 '성희롱'이든, 이를 '괴롭힘'으로 봐야 할까? 또 누구에게 이를 신고해야 할까? 아마 이 상황에 처한 사람이라면 누구나 같은 고민을 하게 될 것이다. '괴롭힘인지 아닌지'를 구별하는 경계는 숫자로 나타낼 수 없다. 게다가 객관적으로 측정할 수 있는 기준 또한 없다.

　하지만 눈물을 삼키며 억울함을 마냥 참고 싶진 않다. 그럴 때 무엇을 근거로 '괴롭힘'을 증명할 수 있을까?

① 스스로 불쾌감이나 고통을 느끼는 행위인지 생각해 본다.

"너만큼 무능한 놈도 없어", "월급 루팡"[9], "출·퇴근만 열심히 하는구만" 등등, 상대방이 자신에게 '고통'을 주는 말이나 행위는 '괴롭힘'의 가능성이 있다. 무엇을 고통이라 느낄지는 그 사람의 성격이나 자란 환경에 따라 다르다. 하지만 '누가 봐도 너무하다'는 수준은 틀림없이 있기 마련이다.

만일 자신이 잘 모르겠으면 가까운 이에게 물어보는 것도 좋다. "회사에서 내가 이런 대접을 받았는데, 이거 혹시 '괴롭힘' 아닌가요?"라고. 같은 직장에서 일하는 사람은 감각이 마비되어 있을지 모른다. 그러므로 가급적 일과 무관한 친구가 좋다. 친구들이 "그건 확실히 괴롭힘"이라고 말한다면 '괴롭힘'으로 판단해도 좋을 기준이 될 것이다.

② 몸과 마음에 원인 불명의 증상이 나타나는지 확인한다.

사람의 몸과 마음은 작은 스트레스만으로는 금세 다운되지 않도록 설계되어 있다. 싫은 상사가 있어도, 같은 부서에 성희롱하는 직원이 있어도 다소간의 문제는 얼마든지 눈 감고도 대처할 수 있다.

하지만 희롱이나 불쾌한 행위가 일정한 선을 넘었을 경우, 혹은 매일 반복될 경우 우리 몸은 그에 반응해 두통, 복통 같은 '위험 신호'를 내리게 된다. 그럼에도 사태가 전혀 개선되지 않는다면 불면증, 불안 증세 등의 '멘탈 장애'가 시작되고, 이윽고 '우울증'에 빠져 회사조차 갈 수 없게 된다.

---

9 하는 일 없이 월급만 축내는 직원을 일컫는 말. '월급 도둑'과 유사한 의미를 갖는다.

'아침에 일어나면 회사에 가야 한다'고 생각하지만, 막상 몸이 따라 움직이지 않는다. 그리고 뭐라 설명할 수 없는 답답함과 피로감이 엄습해 온다. 기력이 모두 빠진 듯 허탈하고 무기력한 기분이 든다. 이는 같은 반 친구들에게 괴롭힘을 당하는 아이가 아침마다 두통이나 복통을 호소하며 학교에 가지 못하는 것과 같은 경우다. '위험한 장소에서 가급적 멀어지고 싶다'는 메커니즘이 우리 몸속에서 자동적으로 반응한 것이다.

③ 제3자(전문가)에게 상담해 본다.

최근 '지위희롱', '정신적 괴롭힘' 등에 대해 일반인들도 폭넓게 알고 있다. 직장에서 좀처럼 털어놓기 힘든 '괴롭힘'이나 '성희롱'에 대한 행정당국의 지도도 한층 더 엄격해지고 있다.

자신이 받은 행위가 '괴롭힘'에 해당되는지 잘 모를 때에는 그 부문의 전문가에게 상담해 보는 것이 가장 확실하다. 인터넷에서 '괴롭힘에 관한 상담 창구'를 찾으면 여러 루트가 있다는 사실을 알 수 있다. 특히 행정당국이 운영하는 상담 창구는 기본적으로 무료로 이용할 수 있기에 편리하다.

'컨디션 난조의 원인이 괴롭힘에 있지 않을까' 하는 생각이 든다면, 병원 진찰실에서 의사에게 직접 상담해 보는 것도 좋다. 구체적으로 어떤 말과 행동이 있었는지를 이야기해 보면 '스트레스가 현재 증상의 원인인지'에 대해서도 보다 상세한 어드바이스를 받을 수 있다.

처음 상담을 통해 납득할 수 없다면, 다른 창구에서 다시 한 번 상담을 받아 본다. '인생 문제의 해결책은 되도록 스스로 찾아야 한다.' 이 같은 주체적인 자세가 '괴롭힘' 해결에 가장 기본이 된다고 할 수 있다.

괴롭힘을 당하지
않기 위해서는

　'괴롭힘'을 당하는 건 누구나 싫어한다. 그렇다면 누구나 싫어하는 '괴롭힘'을 당하지 않기 위해, 우리는 어떻게 해야 할까? 일단 그럴 가능성 있는 회사에 가급적 들어가지 않는 것이 중요하다.

　예를 들어 외국계 회사나, 대기업 같으면 '괴롭힘'에 대한 매뉴얼이 비교적 명확히 설정되어 있다. 100% 없다곤 장담 못 해도 심한 '성희롱'이나 '지위희롱'을 당할 가능성은 훨씬 낮다. 만일 그런 사태가 벌어져도 책임 부서에 신고하면 어떤 해결책을 줄지 모른다.

　물론 구태의연한 체질의 대기업도 있고, 관리 부서에 호소해도 유야무야 넘어갈 가능성도 있다. 거꾸로 "저 녀석은 상사에게 들이대는 건방진 놈"이라는 딱지가 붙어 더 심한 '괴롭힘'이나 '보복성 직무 전환(일종의 좌천)'이 있을지 모른다.

다만 최근에는 회사 쪽도 '블랙기업'으로 낙인찍히는 데 꽤나 예민한 반응을 보이고 있다. 인터넷에서 '블랙기업'이라 공격 받으면, 실적이 급속도로 악화되거나 매장을 폐쇄해야 하는 사례도 늘고 있다. 지금 대부분의 기업들은 '블랙기업'이란 낙인을 두려워해, 적어도 표면적으로는 그리 터무니없는 짓을 할 수 없다.

한편 오너 스스로 그 회사를 만든 '원맨 사장(카리스마 넘치는 리더 혼자 설립해, 자기 뜻대로 회사를 운영하는 사장—옮긴이 주)'이나 '창업 사장'이 모든 실권을 쥔 회사도 꽤 많다. 뒤를 이어 친인척이 '2대째 사장'으로 바뀌어도 대개 비슷한 경우가 많다.

그런 체질의 조직에서는 권력을 쥔 상대에게 '이런 방식은 부당하다'고 제아무리 '바른말'을 내세워도 결국에는 세력 차이로 밀려나게 된다. 도저히 그 상황을 극복할 수 없다. 아무리 재판을 해서 이겨도 그 회사에 계속 남아 있긴 힘들다. 답은 이미 나와 있다. 그 '노력과 시간과 돈'을 다른 곳에 쓰는 게 훨씬 더 정신건강상 이롭다는 것이다.

TV 드라마 등에서는 '괴롭힘'을 당하는 회사원이 최후의 반격을 통해 자신을 괴롭히던 상사에게 복수하는 장면이 나온다. 소위 '눈에는 눈 이에는 이' 식의 발상이다.

하지만 현실에서 그런 태도를 취하면 상대방에게 커다란 '원한'을 사게 된다. 동료 중에는 기쁘게 응원해 주거나 협력해 줄 사람이 있을지 모르나, 그들도 마지막에는 '나부터 챙기자'는 생각을 갖게 된다. 한번 출구 없는 터널로 들어서면 그 후가 힘들다. 들어갈 때는 몇 사람이 함께 있었는데, 하나둘 사라지더니 정신 차리고 났을 때는 이미 당신 혼자 남아 있다. 마치 '호러 영화' 같은 느낌이다.

'남에게 해를 끼치면 결국 자신도 그 보복을 당하게 된다(人を呪わば穴二つ)'는 일본 속담이 있다. 사람을 원망한 나머지 그 감정 그대로 상대방을 곤경에 처하게 만들면, 결국 자기 묏자리를 스스로 파게 된다는 뜻이다. 쓰러지는 건 상대방만이 아니라, 자신도 해당되는 것이다.

인생은 게임이 아니다. '틀렸으니 다시 하자'는 '리셋 버튼' 따윈 존재하지 않는다. 그러므로 '정중하고 신중히' 어떤 일을 진행시켜 나가야 하는 법이다.

괴롭힘에 대한
대처법

　실제로 '괴롭힘'을 당한 경우, 정면으로 맞서기란 쉽지 않다. 하지만 '나 하나만 참으면 모든 게 끝난다'고 생각해 참다 보면, 도리어 점점 더 수위가 높아진다. 가족이나 친구에게 상담해 봐도 "뭐, 회사라는 게 다 그렇지", "참고 견디다 보면 좋아질 거야" 같은 말을 들어 되려 찝찝해진 기분을 지울 수 없다. 그렇다면 대체 어떻게 하는 것이 좋을까. 여기서는 구체적인 대처법에 대해 몇 가지 생각해 보자.

　좋은 의미에서의 '정색 후 돌변(정색하고 태도를 바꿔 도리어 강하게 나오는 것—옮긴이 주) 모드'가 가장 유효한 경우가 있다. 예를 들어 자신이 원치 않는 환경을 가진 회사에 들어갔다고 치자. 상사는 '성희롱', '지위희롱' 등을 가리지 않고 하는 사람이다. 그러면 회사를 그만둘 정도의 각오로 대응해야 한다. 당신이 여직원으로서 성희롱을 당했다면 큰 목소리로 대꾸한다.

"그거 성희롱이에요! 더 이상 하지 말아 주세요."

직장에서 그런 소리를 듣는다면, 아무리 정도가 심한 상사라도 곤란해 할 것이다. 뜻밖에 얌전해질지도 모른다. 만일 그럼에도 집요하게 '성희롱'을 반복한다면 꼭 녹음해 두자. 그건 명백히 '범죄'이기 때문이다.

또 자신에 대해서도 '정색 후 돌변 모드'가 필요하다. 소위 '사내 괴롭힘'을 당했다면 자신이 부족한 점은 없었는지 다시 한 번 생각해 본다. 그러다 보면 자신도 모르는 사이 남에게 폐를 끼치고 있다는 사실을 알아챌지 모른다. 스스로 떠오르는 게 없다면 동료나 주위 사람에게 기탄없이 물어본다.

"혹시 제가 뭔가 해선 안 될 행동을 하고 있지는 않나요?"

그래도 확실치 않다면 악의적이고 일방적인 '괴롭힘의 대상'이 되고 있을 가능성까지 생각해 본다. 만일 그럴지도 모른다는 생각이 들면, 괴롭히는 상대에게 아예 대놓고 질문해 본다.

"당신이 만일 제 입장이라면 어떨까요?"

그리고 나서 "왜 이런 행동을 하시죠? 저한테 그 이유를 가르쳐 주시겠어요?"라고 묻는다.

만일 자신이 소극적이어서, 혹은 그럴 자신이 없어서 직접 말하기 힘들다면, 조금이라도 심신의 괴로움을 느낄 때 한시라도 빨리 전문가를 찾아 상담해 보는 것이 좋다.

혼자 생각해 봐야 답을 찾을 수 없다. 왜냐하면 이미 '사내 괴롭힘'의 타깃이 되고 있기 때문이다. 따라서 우선 전문가와 상담하는 것이 문제 해결의 가장 빠른 지름길이 될 수 있다. 심신을 관리하는 상황에서 '조기 발견'은 '조기 치료'를 위해 매우 중요하다.

내 편을
늘 린 다

　제아무리 혼자 괴로워해 봐야 좋은 해결책이 잘 떠오르지 않는다. 상대
방에 맞서 혼자 바른말을 쏟아 낸다 해도, 주위 사람들에게 역습을 받는
경우도 적지 않을 것이다. 그럴 때 우선 '내 편을 늘리는 것'이 가장 중요하
다. 거기에는 누군가 이야기를 들어 줄 수 있는 상대와 상담하는 것이 중
요하다.

　당신 주위에는 자기 일처럼 여기며 이야기를 듣고 상담해 줄 수 있는 사
람이 있는가? 가족이나 친한 친구, 혹은 사랑하는 사람이 후보자가 될 수
있다. 만일 그 적임자가 없다면 전문가에게 상담하는 것도 좋다.

　그들은 당신의 고민이나 괴로움을 우선은 그대로 받아들여 준다. 그것만
으로도 당신의 마음은 상당히 가벼워질 것이다. 여기에 객관적인 시점에
서 충고와 대안을 제시해 준다면 더 바랄 게 없다.

자기만의 판단에는 뭔가 일방적인 편견, 혹은 선입견이 있을지 모른다. '어차피 이번에도 별 수 없을 거야.', '나는 결국 아무것도 할 수 없는 바보 같은 놈이야.' 의도치 않은 '부정적인 악순환'에 빠질 위험도 있다. 하지만 '내 편'을 늘리면 심정적인 여유도 생기고, 대응책도 그만큼 생각해 내기 쉬워진다. 구석에 내몰렸을 때는 일단 '내 편'부터 찾는다. 이것이 가장 먼저 해야 할 일이라고 생각한다.

약 자 입 장 인 건
도 리 어 상 대 방 !

감정이 조금 차분해진 뒤, 무엇이 문제인지를 냉정하게 분석해 본다. '상대방의 문제', '내 문제', '상황(장소) 문제'를 한 번 더 정리해 본다. 이때 내 편이 되어 줄 사람과 함께 생각한다면 다른 시점에서 상황을 재검토할 수 있다.

악의에 찬 '부당한 공격'도 냉정해져 다른 각도에서 검토해 보면 '의외로 선의의 충고였다'는 사실을 깨닫는 경우가 있다. 상대방의 말하는 방식이나 타이밍이 나빴던 탓에, 이를 자신에 대한 공격으로 오해했을지도 모른다.

물론 정말 '악의'가 담겨 있는 경우도 있다. 그 경우 '왜 상대가 그렇게까지 악의를 갖고 공격적인 태도를 보였는지' 잘 생각해 보자. 앞선 사례에도 나와 있듯, 상대방은 '일종의 병'을 앓고 있을지 모른다. 혹은 '다른 사람에게는 말할 수 없는 괴로움'에 고통스러워했을지도 모른다.

그것이 만일 당신에 대한 질투가 원인이었다면, 실은 '약자 입장'에 처한 건 당신이 아니라 상대방이다. 당신이 오히려 '강자 입장'처럼 보이기 때문에 상대방은 필사적으로 부당한 공격을 걸어오는 것이다. 어떻게든 곤경에 처하도록 만들기 위해 다양한 '함정'을 파 놓았던 것이다.

그럴 때 '공포'나 '위협'에 사로잡히면 당신이 지는 것이나 마찬가지다. 그것이야말로 상대방이 가장 바라는 '상황'이다. 따라서 이럴 때일수록 냉정히 상호 역학 관계를 판단해 보는 게 중요하다. 정말로 힘이 있는 상대라면 일일이 당신에게 부당한 압력을 걸지 않는다. 상대방에게도 어떤 문제가 있기 때문에 이런 사태가 벌어지고 있는 것이다. 그런 '당연한(하지만 쉽게 간과하는) 사실'을 잊어선 안 된다.

커 뮤 니 케 이 션 부 족 에
주 의 하 자 !

　'괴롭힘'의 원인으로 '커뮤니케이션 부족'이 관계된 경우가 있다. 우리는 사람 관계에서 자주 '오해'한다. 당신은 상대방이 화를 내며 '왜 그렇게 이야기하느냐'고 따져 물었을 때, '나는 그렇게 말한 적 없다'고 변명했던 기억이 있는가?

　실제로 '내 발언을 왜 그렇게 받아들였는지 모르겠다'고 생각하는 건 자주 있는 일이다. 이는 자신을 지키기 위한 신체의 시스템에는 '자신에 대한 공격을 과대평가하는' 경향이 있기 때문이다. 어쩌면 공동생활을 시작한 태초부터 우리는 자기 평가에 민감하게 반응했을지 모른다.

　일상적인 대화 속에서도 '내 이름'이 나오면 괜히 귀를 쫑긋 세우게 된다. 누군가와 대화하는 중에도 자신이 칭찬받았다는 이야기를 들으면 기쁘고, 자신을 악담을 했다는 이야기를 들으면 괜히 기분 나쁘고 화가 나는 것도 다 그런 이유 때문이다.

'직장에서 괴롭힘을 당하고 있다'는 상담을 받고 그 이야기를 상세히 들어 보면, '상사의 커뮤니케이션 능력이 떨어지는 게 아닐까' 싶은 케이스가 꽤 있다.

상사와 부하는 기본적으로 '입장'이 다르다. '세대'도 다르고 '문화'도 다르다. 원래 상사들은 '자신과 상대방의 생각하는 방식이 다르다'는 사실 자체를 잘 인식하지 못한다. 게다가 '생각하는 방식이 다른 상대방'에게 '자신의 의사를 어떻게 전할지'만 생각하고 행동하는 경향이 있다.

이미 "내일까지 다 정리해 두라"고 명령하면 바로바로 끝내는 시대가 아니다. 부하의 역량이나 잘하는 분야, 혹은 어려워하는 분야를 잘 고려한 뒤 업무를 '제안'한다. 그리고 이를 위한 '정보'나 '매뉴얼'을 제시하지 않으면 커다란 오차가 발생하기 쉽다. 당연히 이를 관리하고 소통하는 것도 관리직의 책무라 할 수 있다.

부하 입장에서 보면 '왜 우리 상사는 무리한 요구만 할까? 내가 미워서 이런 일만 시키나?' 하는 생각에 의심암귀(疑心暗鬼)[10]에 빠지기 쉽다. 상사 입장에선 '이 정도 말해 두면 이후에는 지가 알아보고 뭐든 해야 하는 거 아니냐'고 생각할지 모르지만, 부하로서는 '확실히 가르쳐 주지도 않고 왜 나한테만 일 폭탄을 던지느냐'며 불만을 갖기 쉽다.

불만이나 분노가 담긴 '감정의 에너지'는 그대로 방치해 두면 점차 위험 수위를 넘어, 이윽고 '폭발'하는 단계에 이른다. 그 결과 '부하가 갑자기 폭발하는(일종의 하극상)' 사태가 벌어진다. 반면 부하 입장에서 보면 '무슨 애

---

10 '의심이 생기면 귀신이 나온다'는 뜻으로, 의심하는 마음이 들면 대수롭지 않은 일까지 두려워 불안해 한다는 의미다.

기를 해도 상사가 알아주지 않기 때문에 이렇게 되어 버렸다'는 생각이 들게 된다. 일하기 좋은 직장을 만들기 위해서는 우선 '커뮤니케이션 능력'부터 기르는 것이 상사에게나 부하에게 중요하다는 점은 틀림없는 사실이다.

상 사 의   커 뮤 니 케 이 션
능 력   체 크

    그렇다면 실제로 당신 상사의 커뮤니케이션 능력에 대해, 부하인 당신의 시점으로 아래 사항들을 체크해 보자. 이는 어디까지나 하나의 기준에 지나지 않지만, 만일 '위험한 상사'가 될 수 있는 조건을 갖췄다면 상사에 대한 대처법을 미리 생각해 두는 편이 좋다.

☐ 상사가 무엇을 원하는지 충분히 이해할 수 있다.

☐ 주변에서 '말이 잘 통하는 상사'라는 소리를 듣는다.

☐ 어떤 어려움을 겪을 때 상담 상대로서 충분히 신뢰할 수 있다.

☐ 고객과 협상(교섭)하는 일은 상사에게 맡기면 안심할 수 있다.

☐ 제대로 된 모국어를 구사할 수 있다.

□ 내 이야기를 잘 들어주지 않아 화가 날 때가 있다.

□ 클라이언트와의 교섭을 맡기기 힘들 때가 있다.

□ 업무상 실수나 오류가 자주 발생한다.

□ 주위 부하들이 잘 상대해 주지 않는다.

□ '저 상사에게 이야기해 봐야 소용없다'는 소문이 돌고 있다.

잘 보면 알겠지만, 앞쪽의 5개는 '커뮤니케이션을 잘하는 상사', 뒤쪽의 5개는 '커뮤니케이션을 잘못 하는 상사'라 할 수 있다.

당 신 의 커 뮤 니 케 이 션
능 력 은 어 떤 가 ?

　　그렇다면 당신 자신에 대해서는 어떤가? 당신은 주위 동료, 혹은 상사와

커뮤니케이션을 잘하고 있는가?

□ 업무상 '공동작업'을 어려워하지 않는다.

□ 클라이언트와의 교섭, 타 부서와의 조정 역할을 자주 맡는다.

□ 상사, 동료와 양호한 관계를 구축하고 있다고 생각한다.

□ 동료, 혹은 업무 관계자들에게 상담을 자주 받는다.

□ 일상적인 대화나 업무 서류가 문제가 된 적이 별로 없다.

□ 간혹 '이야기하는 내용을 잘 모르겠다'는 지적을 받곤 한다.

□ 상대방이 말하는 내용을 잘 이해하지 못할 때가 있다.

□ 뭔가 오해받기 쉬운 타입이다.

□ 아무렇지 않게 내뱉은 말로 큰 문제를 일으키곤 한다.

□ 주변 사람들에게 '커뮤니케이션 장애 아니냐'는 이야기를 들은 적이 있다.

이 역시도 앞쪽 5개에 체크하면 당신은 '커뮤니케이션 능력이 문제없다'고 할 수 있지만, 뒤쪽 5개에 체크하면 주위와의 관계를 잘 만들기 위한 방법에 대해 더 고민해 볼 필요가 있다.

'인터넷상의 괴롭힘'에
대처한다

　마지막으로 '인터넷상의 괴롭힘'에 대해 이야기하며 이 장을 마무리하고 싶다. '인터넷상의 괴롭힘'은 회사에서의 '괴롭힘'과는 약간 다르지만, '인터넷 공간이라는 특수한 세계에서 이뤄지는 집단 괴롭힘의 일종'이라 할 수 있다.

　인터넷 사회가 확산되고 스마트폰이 급속히 보급되면서 이메일, SNS(라인, 페이스북 등의 소셜 네트워크 서비스)상에서의 문제가 점차 늘어나고 있다. 자신이 모르는 장소에서 익명의 누군가가 자기 욕을 쓴다. 이에 편승한 이가 나타나고, 순식간에 자신의 '나쁜 소문'이 웹상에서 확대, 재생산된다. 이윽고 친구를 통해 그 사실을 알게 되었지만, 그 글을 보고 너무 놀란 나머지 충격을 받게 된다. 혹은 트위터나 페이스북에 쓴 '한마디'가 악의에 찬 누군가에 의해 일방적으로 곡해되고 확산되어, 인터넷상의 '갈등', '싸움'

을 야기한다.

인터넷은 어떤 의미에서 '무방비로 개방된 사회'이며 '익명성'이란 안도 감에 '양심으로 어느 정도 행동을 조절할 수 있는 제어 능력'을 갖기 어렵게 만든다. 이를 다른 말로 하면, 인터넷은 '감정의 증폭장치'이자 모르는 이와 공통 화제로 공감할 수 있는 도구다. 하지만 모르는 타인에게 비방이나 중상모략을 당한 내용이 순식간에 '확대', '재생산'되어 버리는 세계이기도 하다.

『인터넷 괴롭힘, 웹 사회와 끝없는 캐릭터 전쟁』이라는 책 속에서 저자이자 평론가인 오기우에 치키(荻上チキ)는 '괴롭힘을 목적으로 쓰는 글'을 크게 네 종류로 분류했다.

① 김빼기 형 (누군가의 성공이나 성취를 깎아내리는 타입)
② 험담, 흉보기 형 (누군가의 단점이나 실패를 비난하고 트집 잡는 타입)
③ 눈사태 형 (누군가의 비난이나 조롱에 적극 동조해 부정적인 여론 형성을 주도, 발전시키는 타입)
④ 괴롭힘 이용 형 (누군가의 괴롭힘을 다시 한 번 언급해 공론화시켜 괴롭히는 타입)

이 중 ①~②는 본인이 인식하지 못하고 실생활에 큰 영향이 없다면 문제되지 않는 경우가 많다. 기본적으로 험담이나 흉을 보는 건 뒤에서 소곤소곤 이야기하는 경우가 많다. 하지만 지인이 악의를 갖고 당사자의 어떤 행동을 과장해 이를 실명 게재한다면, 혹은 연락처나 회사명까지 인터넷에 다 올려 버리면 이는 명백한 범죄가 된다. 이런 경우 피해 당사자는 적극적으로 대처해야 한다.

문제는 ④의 '괴롭힘 이용 형'이다. 인터넷이 괴롭힘의 한 방법으로 사용되는 것을 최근 들어 자주 볼 수 있다. 한때는 '학교 밖 사이트'가 생겨, 그곳에 올린 같은 반 친구에 대한 심한 욕이나 비난이 커다란 사회문제로 비화되기도 했다.

특히 2007년 인터넷을 사용한 괴롭힘이나 공갈로 고등학생이 자살하면서 이 문제에 대한 사회적 경각심을 갖는 계기가 되었다. 이러한 '인터넷 괴롭힘'에 대해서는 아래와 같이 대응하도록 한다.

① 실생활에 큰 영향이 없다면 그냥 흘려버리는 것도 한 방법이다.

② 만일 그 정도나 규모가 허용할 수 없는 수준이라면, 사이트 관리자나 운영 회사에 알리고 삭제 등의 대처를 한다.

③ 실생활에 커다란 영향이 나타난다면, 우선 가족이나 친구 등에게 상담한다. 그 후 필요한 경우 경찰, 변호사 등에 의뢰해 사회적인 제재 조치를 단호하게 취한다.

'혼자서 울며 잠이 들거나', '계속 꾹 참기만 하는' 건 별로 좋은 방법이 아니다. 오히려 이 경우 가해자를 더 자극해 '괴롭힘'의 강도를 더해 가는 경우가 많다. 어쩌면 가해자가 짜 놓은 더 큰 덫에 빠져 버릴지도 모른다.

우리는 지금 '인터넷 사회'라는 '장소(무대)'를 일상처럼 여기며 살아갈 수밖에 없다. 지금까지 본 적 없는 편리하고 유용한 공간이지만, 동시에 이해 안 되는 '감정의 공격'을 받을 가능성이 큰 공간이기도 하다. 그런 점에 대해 명확한 대책을 세워야 할 시대가 된 것이다.

제5장

위험한 이웃

—

스쿨 카스트 편

세 대　차 이 와
상 하　관 계

　우리가 뭔가를 바르다고 믿거나, 혹은 뭔가 잘못되었다고 느끼는 건 세대나 연령, 입장, 지위에 따라 크게 다르다. 회사를 예로 들자면 사장과 사원은 일에 대한 관점 자체가 전혀 다르다. 혹은 같은 공간에 살아도 아이와 어른은 사안에 대한 감각이나 사고방식이 큰 차이를 보인다. 어쩌면 너무나 당연한 이야기일지 모른다.

　연령이나 입장에 따른 감각 차이는 상호 인간관계에서도 '균열'이나 '마찰'을 낳는다. 다른 시대를 살아왔고 다른 가치관을 공기처럼 마셔 왔기 때문에 서로 '이해할 수 없는' 것도 당연하다.

　그렇다면 '같은 세대' 집단에서는 그런 일이 전혀 없을까? 앞의 논리대로라면 같은 시대, 비슷한 사회 환경에서 살았다면 가치관이나 사고방식도 닮아야 한다. 하지만 그럼에도 엄연히 인간관계에 '힘 차이'가 발생하고

'상하 구분'이 생기기 마련이다. 중·고등학교 때의 학창 시절을 떠올려 보자. 같은 반에서 '상하 관계'가 생기고, 이에 따라 순식간에 자신의 위치가 결정되어 버린 경험이 누구에게나 있을 것이다.

필자가 젊었을 때의 경험으로 말하자면, 학급마다 꼭 몇 명씩 '튀는 놈'이 있었다. '교칙에 속박되는 걸 어리석다'거나 '더 자유롭게 지내고 싶다'는 이들은 학교를 밥 먹듯이 빠지고 놀러 다니기 일쑤다.

하지만 '규칙에 속박되고 싶지 않다', '일반적인 사회 질서를 따를 수 없다'며 저항하던 그들은 어느새 끼리끼리 모여 새로운 '그룹'을 만들고, 그 안에서 새로운 '규칙'이나 '질서'를 만들었다. '불량 서클'이나 '폭주족'이라 불리는 집단도 그랬고, 더 큰 집단의 하부조직으로서 학교보다 더 엄격한 '규칙'이나 '결정사항'을 따라야 하는 경우 역시 많았다.

'자유'를 갈구해 규칙 투성이의 지루한 조직 생활에서 벗어나고 싶다면서, 새로운 '족쇄'에 제 발로 들어가 속박되는 건 도대체 어떤 이유 때문일까?

스쿨 카스트의 의미

같은 세대 집단에서 이해관계 등이 전혀 없음에도, 어느 샌가 '상하 관계' 속 보이지 않는 족쇄에 속박되어 운신이 자유롭지 못하다. 학교 안에서 이런 관계를 나타내는 말이 바로 '스쿨 카스트(School Caste)'다.

'스쿨 카스트? 도대체 그게 뭐지?' 그 의미를 다소 의아해 하는 사람도 있을 것이다. '카스트 제도'란 여러분도 잘 알고 있듯, 인도에서 오래 전부터 존재해 오던 힌두교의 엄격한 신분제도를 말한다. 이 제도에 따라 다른 계층 간의 결혼은 물론, 평소 가깝게 지내는 것조차 엄격히 금지되어 있다.

'스쿨 카스트'의 경우 '중·고등학교 때 또래 집단의 생활 속에서 벗어나기 어려운 상하 관계'라는 뉘앙스로 사용되기 시작했다. 이 말은 눈에 보이지 않는 학생들 간의 서열을 나타내는 말로, 2006년을 전후해 점차 확산되기 시작했다.[10]

---

10 2006년 11월 16일 일본의 〈청소년 문제에 관한 특별위원회〉에 참석한 교육학자 혼다 유키(本田由紀)가 언급하고, 2007년 모리구치 아키라(森口朗)의 저서 『괴롭힘의 구조』를 통해 널리 알려지기 시작했다.

스 쿨 카 스 트 와 괴 롭 힘

그럼 이전부터 있었던 '학급 내 서열'의 구조가 재차 '스쿨 카스트'로 각광 받게 된 이유는 무엇일까?

이 말이 미디어에서 다뤄지기 시작한 건 '괴롭힘 자살과 관계가 있다'고 알려지면서부터다. 아이들 사이에서 '괴롭힘'이나 '괴롭힘에 의한 죽음'은 지금도 끊이질 않고 있다. 괴롭힘을 당한 아이가 그 고통을 이기지 못한 채 자살하는 길을 택한다. 더욱 문제가 되는 건 '옥상에서 뛰어내리라'거나 '한겨울 차가운 강에 빠지라'는 또래들의 말도 안 되는 요구를 거절하지 못한 채 죽음에 이른 케이스, 그리고 '쓰러진 아이를 몇 차례 발로 찼더니 죽었다'는 식의 어처구니없는 케이스가 늘어나고 있다는 점이다.

이전 '괴롭힘'은 '괴롭히는 아이'와 '괴롭힘을 당하는 아이' 사이에서 일어난다고 생각했다. 즉, '개인과 개인의 관계 문제'로 간주한 것이다. 그래서 괴롭히는 아이와 괴롭힘을 당하는 아이를 서로 화해하게 해, 다시 사이좋게 지내도록 만들면 문제가 해결된다고 착각하는 부모나 교사도 있었다.

하지만 사실은 그렇지 않다. 몇 번의 고통스러운 사건 경험에서 '교내 그룹'의 내부, 혹은 외부를 포함해 '서열 구조'가 그 배경에 자리한 게 아닐까? 어쩌면 그 구조 자체를 바꾸지 않으면 '괴롭힘' 문제는 절대 해결되지 않을 거라는 생각이 강해지고 있는 것이다.

예를 들어 '상위 그룹(소위 일진에 가까운)'이 심심한 시간을 때우려 '하위 그룹' 학생을 불러낸다. 교실에서 상위 그룹의 미움을 사면 입장이 곤란해지기 때문에 하위 그룹 학생은 그 학생들의 호출(혹은 어처구니없는 요구)에 응할 수밖에 없다. 만일 학급 내 전원에게 무시를 당하게 되면 교실 안에서 '최하위' 취급을 당한다. 그것만큼은 어떻게든 피하고 싶다.

상위 그룹 내부에서도 다양한 갈등이 있다. '스쿨 카스트' 속에서는 사소한 실수만으로도 지위가 낮아질 수 있다. 그리고 한번 하위 그룹에 들게 되면 상위로 올라가는 건 무척이나 어렵다.

그렇기 때문에 모두 재미있어 하는 즐거운 '놀이'를 제안한다. 하위 그룹 학생에게 '빵 셔틀'을 시키거나 해결하기 어려운 과제를 내민다. 일부러 먼 가게로 보내거나 시간을 제한한다. 만일 시간에 맞추려 열심히 뛰어올 때는 일부러 다리를 걸어 넘어뜨린다. 사온 것을 "이게 아니잖아. 다시 사와" 하는 식으로 조롱하며 놀리고, 그것을 모두가 웃음거리로 삼는다. 이때 괴롭힘을 당한 학생도 함께 웃으며, 그 무리에서 배척되지 않으려 노력한다.

이때 괴롭히는 쪽에서는 '모두가 그러니까 괜찮다'는 심리가 작동한다. '나만 심한 짓을 한 게 아니잖아. 모두 다 똑같은 짓을 했을 뿐이야. 게다가 당한 애도 함께 웃었잖아. 별 문제 없이 상황이 끝났으니, 다음엔 더 재미

있는 제안을 해서 놀아야지.' 이런 연유로 괴롭힘을 당한 학생이 죽어 버리면, 잠시 동안은 놀라지만 특별한 죄책감을 갖진 않는다.

'나만 나쁜 짓을 한 것도 아니고 본인도 즐거워했는데 뭐…, 모두 함께 즐겨 놓고서 죽다니…, 바보 같은 놈, 너무 약해 빠진 거 아냐? 우리는 욕먹고 혼나지만, 사실 죽은 건 지 책임 아닌가?' 아마 가해 학생은 이 같은 심리가 작동했을지 모른다.

'상위 그룹'에
선발되기 위한 룰

그렇다면 이런 '스쿨 카스트'에서 '상위 그룹'을 점하는 학생들과 '하위 그룹'을 점하는 학생들의 차이는 어디서 생길까? 모리구치 아키라가 쓴 『괴롭힘의 구조』는 괴롭힘의 원인으로 스쿨 카스트를 처음 언급해 유명해졌다. 이 책에서 그는 '스쿨 카스트에서 상위 그룹에 들어갈 조건으로 커뮤니케이션 능력'을 꼽고 있다. 또 그 요인으로 '자기주장력', '공감력', '동조력' 등 3가지를 지목했다.

책에서의 주장은 기본적으로 '자기주장'을 통해 '리더십'을 얻는다. 그리고 타자와 상호 공감하는 힘, '공감력'에 의해 '인망'을 얻는다. 그렇지 않으면 모처럼 내놓은 자기주장이 무의미해진다. 또 학급 내 공기(분위기)에 동조하며, 경우에 따라서는 그 공기를 주도적으로 만들어 가는 힘, '동조력'은 그룹을 이끌어 가는 데 필수적인 힘이라 할 수 있다.

이전부터 이런 '학급 내 서열 시스템'은 존재했다. 싸움을 잘하는 아이, 시험 성적이 좋은 아이가 학급 내 '리더'로 포지셔닝 되던 시기도 있었다. 하지만 현대의 '스쿨 카스트'에서 가장 중요한 건 '커뮤니케이션 능력'이다. '자신이 있는 곳의 공기(분위기)를 읽고, 그 공기에 적합한 말과 행동을 하며, 주위를 그 공기로 들어오게 만드는 능력'이 있다. 그런 의미에서의 '커뮤니케이션 능력'인 것이다.

거꾸로 그 점이 부족한 아이는 '커뮤니케이션 장애'라는 낙인이 찍혀 하위 그룹으로 격하되거나, '바보 같은 놈'이란 조롱을 받으며 최하위로 떨어지게 된다. 이로서 일상생활이 한 순간에 나락으로 떨어진다. 상위 그룹에 속한 친구에게 "왜 사냐!"고 조롱받고 멸시 당하는 존재가 되는 것이다.

'스쿨 카스트'의
도 피 처

대학생 인터뷰를 통해 초등학교부터 중·고교 생활까지의 '스쿨 카스트' 구조를 검증하려 한 책이 있다. 스즈키 쇼(鈴木翔)가 지은 『교실 안 카스트』다. 이 책에서 저자는 다음과 같이 충고하고 있다.

① 이런 고충도 '기간 한정'이라고 생각한다. 중학교, 고등학교 모두 3년만 지나면 졸업할 수 있다. 학교에서 떠나면 지금 겪는 괴로움이나 심각함도 사라지게 된다.

② 학교 이외의 '지낼 장소'를 찾는다. 예를 들어 '학원'. 목적이 명확한 장소라면 평가 기준이 단순해지고, 미묘한 분위기에 좌우되는 경우도 적다. 만일 학원이 싫다면 다른 선택지를 찾아보는 것도 좋다.

③ '적극적으로 어디에도 가지 않는' 선택지도 있다. 학교, 혹은 자택이라는 두

가지 선택지만이 인생의 전부가 아니다. 취업해도 좋고, 고졸 검정시험을 쳐도 좋다. 프리스쿨에서도 공부는 충분히 할 수 있다. 여러 가지 가능성을 열어 두고 가족과 상의해 보는 것이 좋다.

바로 이것이 저자가 제안한 구체적인 충고다. 학교에서 괴롭힘을 당해 외톨이처럼 지내는 아이들의 목소리를 들어 보면, 아무런 기력도 없이 "그런 것조차 생각할 겨를이 없다"고 답하는 경우가 많다. 하지만 그렇다 해도 일정한 시간이 지나면, 점점 힘이 나고 어떻게 할지 보다 구체적으로 고민해 보게 된다.

또 이 시기는 정신적으로도 과격한 상태이므로, 부모에게 받는 충고가 '답답하고 뻔하게' 느껴질 수밖에 없다. 부모에게 받는 그런 '과도한 간섭'에 반항적인 태도나 말, 때로는 폭력으로 답하는 경우가 있어 부모로서도 대응하는 데 고심하게 된다.

그럼에도 '가정'이라는 '도피처'를 확보할 수 있다는 건 학생 본인에게도 매우 좋은 일이다. 이전처럼 '무슨 일이 있어도 학교에 가라'고 강요하는 부모도 최근에는 거의 없다. 학교가 더 이상 안심할 수 있는 장소가 아니고 선생님조차 내 편이 되어 주지 않는 환경이 지속된다면, 최악의 경우 구석으로 내몰려 자살을 택하는 학생도 나오지 않으리란 보장이 없다.

따라서 우선은 가정, 학원, 혹은 프리스쿨도 좋다. '안전한 장소'를 만들어 그곳에서 상처를 치유하면서, 사회에 나오기 위해 필요한 기술들을 하나 둘 연마한다. 이는 긴 인생을 봐서도 훌륭한 생존 전략이라고 할 수 있다.

엄마의 서열
– 마마 카스트

'스쿨 카스트'라는 말이 확산되면서 '카스트 제도와 비슷한 상하 관계를 우리 주변에서 볼 수 있다'는 경험에 따라 몇 가지 신조어가 생겼다. '마마 카스트(Mama Caste)'라는 키워드도 그중 하나다.

'마마 카스트'는 TV 드라마나 소설의 소재로 다뤄진 적이 있을 만큼 일부에서는 상당한 화제를 모았다. 같은 학교에 아이를 보낸 엄마들 사이에서 자연발생적으로 생긴 '학부모 친구' 그룹, 그 안에서 생겨난 '상하 관계'가 바로 '마마 카스트'다. 엄마들의 서열을 결정하는 요소로 다양한 것들을 들 수 있다. 아이 성적, 친구의 수, 남편 수입, 직위, 자기 경력, 외모, 혹은 살고 있는 집과 그 층수, 평수, 타고 있는 차종 등.

일본의 경우 도쿄 중심가의 타워 맨션은 위층으로 올라갈수록 가격도 비싸진다. 당연히 맨 꼭대기 층이 가장 비싸다. 해외에서는 펜트하우스를 빌딩의 오너가 직접 소유하는 경우가 많다.

여기서 '상위 카스트'는 타워 맨션에서 높은 층에 살며, 남편의 사회적 지위가 높고 아이들도 사립 유치원이나 학교에 다닌다. 엄마 본인도 명품을 두르고 고급차를 탄다. 휴가 시즌에는 물론 해외여행이 기본이다. 학부모회에서는 절대적인 발언권을 갖고, 그것을 둘러싼 학부모 친구들을 데리고 항시 단체 행동을 한다.

그리고 무엇보다 엄마들 모임에서는 항상 주도적인 역할을 맡는다. 정기적으로 열리는 파티, 아이들 생일잔치에는 유명 파티셰의 케이크나 유명 셰프의 요리, 혹은 본인이 특별 제작한 수제 요리를 내놓는다. 또한 그 자리를 빛낼 수 있도록 값비싼 명품을 걸친 엄마와 그 아이들이 웃는 얼굴로 맞이한다. 과연 이런 사람이 얼마나 될까?

하지만 '스쿨 카스트'에서 볼 수 있듯, 사람이 모이면 '서열'이 생기는 건 어떤 그룹이든 마찬가지다. '마마 카스트'에는 남편 수입과 아이 성적이라는 '눈에 보이는' 서열 외에도 성격, 가치관, 커뮤니케이션 능력이라는 '눈에 보이지 않는' 요인, 또 '라이벌 의식'이나 '질투' 같은 다양한 감정적 요소까지 더해져 꽤나 복잡한 양상을 띠곤 한다.

이전부터 PTA(사친회, Parent-Teacher Association), 학부모회 같은 조직을 주름 잡는 리더, 혹은 숨은 실력자 같은 존재가 알려져 왔다. 하지만 최근에는 단순히 직위나 풍채만으로는 안 되고 '자리 분위기를 읽고 그것을 제대로 지배, 관리할 수 있는 사람'이 '상위 카스트'를 점하는 편이다. 그런 '눈에 보이지 않는 분위기'를 잘 읽어 내지 못하면 마마 카스트 속에서 서열이 하위로 떨어지게 된다. "학부모 모임에서 왕따를 당해 밤잠을 설친다", "학부모회 멤버들에게 매번 미움을 사 건강을 해쳤다"고 호소하는 사람이 늘어날 정도다.

자유로부터의
도피

　지금까지 살펴봤듯 '카스트'라는 말은 '눈에 보이지 않는 힘의 관계'를 표현하는 데 편리하기에 다양한 변형이 이뤄져 왔다. '스쿨 카스트', '마마 카스트' 외에도 '사내 카스트', 혹은 '부서 내 카스트', '여자 카스트', '연애 카스트', '가정 내 카스트' 같은 형태도 있다.

　하지만 이런 '카스트'는 왜 그렇게 오래 살아남아 우리들을 끈덕지게 괴롭혀 오고 있는 걸까? '서열 사회'를 기뻐하는 건 오직 상위 그룹에 머무는 '소수'뿐이다. 그럼에도 우리는 왜 이런 부조리한 시스템을 아직도 버리지 못하는 것일까.

　독일의 사회심리학자 에리히 프롬(Erich Fromm)은 '자유'가 주어진 독일 국민이 어떻게 당시의 나치즘 같은 속박된 상태를 받아들였는지에 대해 고민한 뒤, 그 유명한 『자유로부터의 도피』를 썼다.

인간은 '자유를 향한 길'을 갈구하면서 '자유로부터 도피하는 길'을 선택하기 쉬운 존재다. 언뜻 모순처럼 보이는 말이지만, 유대인으로서 나치즘을 피해 미국으로 귀화할 수밖에 없던 프롬의 강한 고뇌가 응축되어 있기도 하다.

'자유'를 지속하기 위해서는 그에 동반해 생기는 '고독'과 '책임'의 무게를 받아들일 '각오'가 필요하다. 하지만 당시 바이마르 헌법 등에 따라 '자유는 위로부터 주어진다'고 생각하던 사람들은 그런 각오가 없었고, 자유의 성과를 수동적으로 즐기기만 하는 이들이 많았다. 나치즘을 열광적으로 환영한 건 주로 독일의 하층 중산 계급들이었다. 하지만 프롬은 이를 '자유로부터의 도피'로 간주해, 새로운 지도자의 권위에 복종하는 길을 택한 사람들을 '권위주의적 성격'이라 불렀다.

그들처럼 '권위'에 약하고, 외부에서 주어진 '규칙'이나 '족쇄'에 순종하는 것으로 안심하는 사람들은 어느 시대나 많았다. 그들은 리더가 내세우는 '정의'나 '대의'의 깃발을 자신의 '정의감'으로 삼았다. 아무리 그 '정의감'이 왜곡되었다 해도 이들은 눈썹 하나 까딱하지 않았다.

'자유'의 무게나 책임을 스스로 받아들이기란 꽤나 어려운 일이다. 그보다도 위에 선 누군가가 "너는 바르다"고 말해 주면 그게 훨씬 더 편하다. 그들은 리더가 말한 대로 행동하고, 그에 반하는 사람을 '악'으로 단정해 탄압한다. 양심의 가책 따위는 일절 느끼지도 못한 채 말이다.

죄 수 의
딜 레 마

우리는 자유를 강하게 갈구하면서, 동시에 속박이나 종속을 선택하는 모순적인 존재다. 어쩌면 그건 유전자 레벨에서 조합된 '생존 전략의 일환'일지 모른다. 그렇다면 그 시스템에는 어떤 이점이 있는 것일까?

여기에서는 그 가설 중 하나로 '죄수의 딜레마(Prisoner's Dilemma)'를 들어, 이런 메커니즘이 정말로 생존에 유리한 전략인지를 재검토해 본다. '죄수의 딜레마'란 '게임이론'에 나오는 유명한 가상 게임 중 하나로, 1950년 캐나다의 수학자 앨버트 터커(Albert W. Tucker)가 고안했다고 알려졌다.

경범죄로 구류 중인 죄수 2명(A, B)은 어떤 큰 사건의 공범으로 의심받고 있다. 검사는 그들의 자백을 끌어내기 위해 다음과 같은 사법 거래(Plea Bargaining)를 제안한다.

① 둘 모두 사건에 대해 묵비권을 행사하면 둘 모두 징역 1년

② 1명이 공범을 자백하면 그는 석방되고, 자백하지 않은 쪽은 징역 10년

③ 둘 모두 자백하면, 둘 모두 징역 5년

이 조건 아래서 2명의 죄수는 묵비권을 행사해야 할까? 아니면 상대방을 배신하고 자백해야 할까? 다만 그들은 각자 다른 방에 격리된 채 서로 대화할 수 없다. 이 경우 죄수 A는 다음과 같이 생각한다.

① B가 묵비권을 행사할 경우, 나도 묵비권을 행사하면 징역 1년으로 끝난다. 하지만 배신해서 자백하면 무죄. 그렇다면 배신하는 게 훨씬 낫다.

② B가 자백한 경우. 내가 묵비권을 행사하면 징역 10년이다. 배신해서 자백하면 징역 5년. 이 경우에도 배신하는 게 훨씬 낫다.

〈 죄수의 딜레마 〉

구분	죄수 B 묵비권	죄수 B 자백
죄수 A 묵비권	A : 징역 1년 B : 징역 1년	A : 징역 10년 B : 석방
죄수 A 자백	A : 석방 B : 징역 10년	A : 징역 5년 B : 징역 5년

그래서 결국 어느 쪽이든 A는 배신하고 자백하는 길을 택한다. B가 마찬가지 생각을 할 수 있다면, 똑같이 자백해 둘 다 징역 5년이라는 결과를 얻게 될 것이다. 이는 이 게임을 한 번밖에 하지 않은 경우 나오는 결론이다.

그렇다면 이 게임이 몇 번 반복될 경우 결과는 어떻게 달라질까? 만일 이 게임이 몇 번 반복된다면 배신만이 아니라 협조할 가능성 또한 생긴다.

액 셀 로 드 의
실 험

　미국의 정치학자 로버트 액셀로드(Robert M. Axelrod)는 1980년 '죄수의 딜레마'를 이용한 유리한 전략을 검토하기 위해 각지의 연구자에게 이것의 컴퓨터 프로그램을 모집했다. 1984년 이렇게 모은 프로그램을 몇 번이나 돌린 결과, 우승한 건 '보복 전략(tit-for-tat strategy)'이라 불리는 프로그램이었다.

　이 프로그램은 지극히 단순한 원리로 성립된다. 우선 처음에는 상대를 '신뢰'하는 데서 출발한다. 그에 대해 상대가 '신뢰'에 응하면, 그대로 계속 '신뢰'한다. 하지만 상대가 '배신'으로 반응하면, 나도 다음에는 상대를 '배신'한다.

　이런 실험은 그 후에도 몇 차례나 이뤄졌지만, 역시 '보복 전략'의 우승이 계속되었다. '진화생물학의 유전자 생존 전략 연구에서도 이런 시뮬레이선이 유효하지 않느냐'는 논의가 이뤄져, '보복'은 생물이 살아남기 위해 유효한 전략 중 하나로 간주되었다.

즉, '계속 협력'하는 것만으로, 혹은 '계속 배신하는 것'만으로 생물은 살아남을 수 없다. '보복'처럼 우선 '협력'하고 이후에 상대가 나오는 행동을 보고서 협력할지, 아니면 적대할지 판단해 그 집단의 수를 늘려 갈 수 있다는 생각이다. 이 전략에는 몇 가지 변형이 나올 수 있지만, '일단 협력'하는 방침이야말로 인간의 유전자 전략상 중요하지 않을까 생각한다.

보 복 전 략 의 패 배

이후에도 액셀로드는 컴퓨터 프로그램에 의한 시뮬레이션을 몇 년간 반복했다. 그리고 어느 해 마침내 '보복 전략'이 패하는 날이 찾아왔다. 어느 대학에서 보내온 60개 프로그램은 '보복 전략'과 유사한 구조를 갖고 있었지만, 한 가지가 다른 움직임을 보이도록 만들었다.

프로그램끼리 '싸움'을 반복하는 동안 점차 이 프로그램 군(群)이 '보복'을 압도하고, 이윽고 그 대다수가 전체 집단의 최상위를 점하게 된 것이다. 이 프로그램에 짜여 있는 '약속', 그건 '같은 그룹 프로그램을 만나면 서로 서열을 확인하고, 강한 서열에게 승리를 양보하라'는 것이다.

즉, 같은 그룹에서는 엄격한 서열이 정해져, 이에 따르는 것으로 '서열상 위인 프로그램'을 보다 유리한 상황으로 밀어 올리는 셈이다. 게임이 반복되는 동안 그 유리함이 축적되고, 서열상 위인 프로그램은 게임 속의 가상 사회에서 '최상위 계층'을 점하게 되는 것이다.

그 목적을 위해서는 일정한 수가 '무리'를 짜서 전체 집단에 맞설 필요가 있었다. 그래서 각각의 연구자가 하나 내지 두 프로그램을 참가시킨 데 반해, 이 대학은 다수의 프로그램 '집단'을 보내온 것이다. 지금은 이러한 게임 결과가 그대로 '유전자의 생존 전략'에 적용된다고 볼 수 없다. 그렇다 해도 이런 가상 실험을 보면 '치열한 생존 경쟁에서 살아남기 위해서는 서열화 된 집단이 유리한 조건을 갖추고 있다'는 점을 알 수 있다.

인류 역사를 되돌아봐도 군대처럼 '고도로 조직화, 서열화된 집단'이 강한 힘을 발휘해 정권을 빼앗은 사례는 이루 다 열거할 수 없을 만큼 많다. 재계에서도 톱-다운 방식으로 지시가 일사분란하게 이뤄지는 '독재적인 기업'이 치열한 경쟁에서 살아남은 실례가 많았다.

자신이 속한 집단이 진화 게임을 이기는 건 '유전자의 생존 전략'으로도 매우 타당한 것이라 할 수 있다. 하지만 이런 '독재 사회'의 일원으로 보내는 일생이 진정 우리가 바라는 바일까? '독재 국가'나 '독재 기업'이 가끔 '블랙'이라는 말로 지칭되며, 영화나 드라마에서 '타도해야 할 대상'이 되는 건 왜 그럴까? 사례에서 토너먼트에서 승리한 '서열화 프로그램'에서 '서열이 아래인 프로그램'은 게임이 계속될 때마다 패해 점점 더 '최하위 계층'으로 가라앉는다. 게다가 엄격한 서열이라는 '신분 제도'에 속박되어 있기 때문에 '윗 계층으로 올라가는' 건 사실상 불가능하다.

이런 '하층 계급'의 희생으로 성립된 것이 '승리한 집단'이라고 한다면, 그 '우위성'은 과연 언제까지 지속될 수 있을까? 집단 내부에서 최하위 계층의 불만이 높아져, 이윽고 그 서열을 뒤엎기 위한 '내부 조직'이 발생한다. 이를 통해 신·구 조직 간에 치열한 다툼이 벌어져, 이윽고 '새로운 서열화 사회'가 만들어진다. 어쩌면 인간사도 이런 과정의 연속이요, 반복일지 모른다.

카 스 트 에   너 무
속 박 되 지   마 라 !

　지금까지 봐 왔듯, '우리는 유전자 생존 전략의 일환'으로서 (의도했든 의도하지 않았든) '서열화된 사회'를 만들어 왔다. 그러므로 일정한 수의 사람이 모이면 자연스레 '서열'이 생기는 것이다.

　동시에 우리는 집단의 '속박'에서 '자유로워지고 싶다'는 강한 욕구도 갖고 있다. 그건 '다양성'을 확보함에 따라 유전자가 생존할 조건을 더욱 넓히기 위해서라고 알려져 있다. 서열화라는 '속박', 그곳으로부터의 '자유'. 우리는 그 모순된 틈새를 오가며 살아간다.

　역사를 돌아보면 힌두교의 '카스트 제도'를 비롯해, 어떤 사회든 엄격한 신분제도가 오랜 세월 유지되어 왔다. 프랑스 혁명을 시작으로 한 근대 사회의 변혁은 우리에게 '신분제로부터의 자유'라는 과실을 안겨 줬다. 하지만 그건 엄청난 희생자들이 치열하게 싸운 결과물로 힘겹게 얻어 낸 것이나 다름없다.

현대 일본에서 '스쿨 카스트' 등은 당연한 것처럼 간주되고 있지만, 본래 '카스트 제도'와는 전혀 다른 것이다. 우리는 어떤 집단에 속해 있다가도 '퇴학', '퇴직', '이사' 등의 다양한 방법으로 그 집단을 떠날 수 있다. 그래서 그 분위기에 적응하기 어렵다면, 일단 그 자리에서 벗어날 수 있는 수단이 있는지를 진지하게 생각해 보는 것이 좋다.

물론 부모 입장에서는 '아이가 인질로 잡혀 있는' 상태에서 운신의 폭이 좁을지 모른다. 그럼에도 다시 한 번 생각해 봤으면 한다. '부모가 자기다운 인생을 보내고 있다'는 자신감이야말로 아이를 위해 정말로 중요하지 않을까? 자기 인생을 스스로 선택한 부모 밑에서 자랐다는 '자존심'이야말로 아이 인생을 더 깊이 있게 지탱해 줄 수 있지 않을까?

그래서 필자는 '카스트에 너무 속박되지 말라'는 결론을 내린 것이다. 의식하면 할수록 '눈에 보이지 않는 사슬'이 자신을 옥죈다. '카스트'라고 자꾸 의식하다 보면 정말 그런 신분제가 존재해 자신을 칭칭 옭아매는 듯한 기분이 들고, 거기서 벗어나기 힘들지 않을까 하는 생각에 자포자기 하게 된다.

그것은 '일종의 말의 주술'이라 할 수 있다. 당신 주위에는 그런 '주술'을 이용해 당신을 제멋대로 조종하려는 사람이 반드시 있지만, 그런 '악의'에 절대 휘둘려선 안 된다. 그건 당신만의 문제가 아니다. 당신과 관계를 가진 가족, 그리고 친구들을 위한 것이기도 하다.

우선은 그런 '말'에서 당신 스스로를 자유롭게 하자. 자신의 감성을 믿고, 타인의 '감언'에 쉽게 편승하지 않는다. '자기 인생을 진짜 자기 것으로 삼는 것', 바로 그 자각과 노력이 가장 중요하다고 할 수 있다.

제6장

왜곡된 정의감이
악의를 낳는다

사람이
악의를 갖는 이유

   '위험한 이웃'은 왜 우리에게 '악의'를 갖고 접근해 올까? 만일 이쪽의 잘못이 있다면 그 이유는 충분히 알 수 있다. 내가 잘못했다면 솔직히 사과하는 것으로 문제를 끝낼 수 있다. 하지만 이 책에서 다루는 건 그런 사람들을 말하지 않는다. '이쪽의 행동에 문제가 없음에도 전혀 이해 안 되는 행동으로 공격해 오는 사람들'을 가리키는 것이다.

   그런 사례로 아이들의 '괴롭힘' 문제에 대해 생각해 보자. 괴롭힘을 당하는 아이 입장에서 보면 '괴롭힘을 당하는 이유'를 잘 모른다. 이유를 모르기 때문에 어떻게 대처해야 할지 모른다. 일방적으로 괴롭힘을 당하는 이유조차 모른 채 "미안하다"고 연신 사과하게 된다.

   물론 괴롭히는 아이에게도 '괴롭히는 이유'는 있다. 다만 그 대부분의 경우 '기분 나빠서', '짜증나서', '더러워서' 같은 식으로 지나치게 자기중심적인 생각밖에 없다. 진짜 이유는 괴롭히는 본인조차 잘 모르는 경우도 허다하다.

'괴롭힘'에 관한 연구자로 널리 알려진 나이토 아사오(內藤朝雄)는 저서 『괴롭힘의 사회 이론 — 그 생태학적인 질서의 생성과 해체』 속에서 소년들의 '무리 집단'에서는 '집단적인 전능감'이 높아지지만, 그것을 방해 받으면 '화가 나는' 등의 부전감(不全感, 불완전한 감정)을 불러일으켜 폭력 행위 등의 악순환을 일으키는 모델을 제창하고 있다.

그러한 '괴롭힘'이 발생하는 메커니즘은 아래와 같다.

① '전능감'으로 채워진 상태에서
② 그것이 방해를 받아 '부전감'이 생기고
③ '괴롭힘'이란 행위를 통해 '전능감'이 회복된다.

이 같은 악순환의 사이클 속에서 실제로 수많은 폭력 행위가 이뤄지고 있다. 이들 가해자에게는 '모처럼 즐겁게 놀고 있는데, 왜 그것을 방해하느냐'는 강한 분노가 기저에 깔려 있다. 그리고 '상대방이 아무런 이유도 없이 기분 좋은 상태를 깨려 하는 건 부당하다'고 생각한다.

반면 피해자 자신은 '노예'가 아니다. 그 나름의 이점이 있기 때문에 상대방(가해자)에게 맞춰 줬을 뿐인데, 멋대로 화난다고 '분노의 창 끝'을 자신에게 향한다면 당당히 맞서야 한다. 왜냐하면 '자신에게 어떤 악의가 있어 그렇게 행동한다'고 느끼기 때문이다.

'괴 롭 힘' 이
주 는 쾌 감

    그렇다면 실제로 '괴롭히는 아이'의 뇌 속에는 어떤 일들이 벌어지고 있을까? 2008년 미국의 심리학자 벤자민 레이(Benjamin Lay)는 괴롭힘이나 절도 경험이 있는 소년들의 뇌 영상을 fMRI를 이용해 조사했다. 그 결과 타인이 고통을 느끼는 영상을 봤을 때, 그들의 뇌 속에는 편도체, 복측 선조체 등 쾌감이나 기쁨에 관계된 영역이 활성화되는 것을 확인할 수 있었다.

    이 영역은 방사선의학 종합연구소가 실시한 실험을 통해 보다 확실해졌다. '질투'에 따라 활성화되는 영역, 즉 '타인의 불행이 곧 나의 행복(他人の不幸は蜜の味)'이라는 영역과 관련된 부분이다.

    누군가를 자주 괴롭히는 사람에게는 '타인이 고통스러워하는 모습을 보면 쾌감이 생긴다'는 메커니즘이 뇌 속에서 작동한다. 그것이 토파민 등의 물질로 '기벽(嗜癖, 과도하게 치우쳐 좋아하는 버릇—옮긴이 주)=의존증'이라는 사이클을 통해 더더욱 강한 '괴롭힘'을 추동할 가능성이 높아진다는 것이다.

의존증에 대해 말하자면, 술이나 약물을 섭취하면 기분이 고양되고 행복해진다. 도파민을 비롯한 뇌 속의 '쾌감 물질'이 증가하기 때문이다. 하지만 거의 매일 술을 마시다 보면, 이윽고 도파민의 수용체가 감소해 '같은 쾌감을 얻기 위해 술 마시는 양을 더 늘려야 하는' 상태에 이른다.

그리고 술을 끊으려 하면 불안한 기분이 들고, 심하면 손이 떨리고 환각에 빠지는 등의 '금단 증상'을 일으키게 된다. 이런 사이클이 형성되어 술, 약물 등의 섭취량이 계속 늘어나면 더 이상 자력으로 섭취를 중단할 수 없게 된다.

'폭력' 또한 마찬가지다. 가정 내, 혹은 연인 사이에서 벌어지는 '가정 폭력(Domestic Violence, 간략히 DV라고도 부른다―옮긴이 주)'을 멈추지 못하는 것도 동일 계통의 사이클이 멈추지 않는 게 원인이라 할 수 있다.

이처럼 '폭력=의존증'이라는 사실을 일반인들은 잘 모르는 듯하다. '기벽 행동'에는 알코올이나 약물 등에 대한 '물질 기벽', 도박 중동이나 쇼핑 중독 등의 '행위 기벽', 연애 의존증 같은 '인간관계 기벽'이 있다. 앞서 살펴본 '폭력에 대한 의존'은 '행위 기벽'으로 분류되는 경우가 많다.

여기서 한 가지 주의해야 할 건 '부모가 의존증이 있을 경우 그 아이도 같은 의존증에 걸릴 가능성이 높다'는 점이다. 이를 '기벽 행동의 세대 연쇄'라 부른다.

부모가 알코올이나 도박 중독으로 가족에게 폭력을 휘둘러 그 피해를 받은 아이들은 불안정한 인간관계를 구축할 수밖에 없다. 그로 인해 유사한 알코올 중독, 혹은 폭력적인 상대와 결혼해 '폭력이 지배하는 가정'이 재생산된다. 폭력에 대해 '별다른 문제의식을 갖지 않는' 사람들에게는 이런 가족 배경을 가진 이들이 많다.

그래서 이렇게 된 원인으로 '가정'이라는 환경 요인과 '의존증을 일으키기 쉽다'는 유전적 요인을 각각 잊어선 안 된다. "유전은 바꿀 수 없다고 해서, 모든 걸 유전 탓으로 돌리는 건 해결 노력을 포기한 것이나 마찬가지"라고 말하는 사람도 있다. 하지만 실제로는 '유전적 요인'이 발현되었는지 여부는 '환경 요인'에 따라 크게 다르다. 폭력 등에 의존하기 쉬운 유전자를 가졌다 해도, 가정환경을 통해 도움을 받고 안정된 삶을 사는 이들도 많다.

환경에 따라 다양한 유전자가 발현되는 것을 억제하는 현상은 '후성유전학(Epigenetics)'12이라는 분야에서 연구가 진행되고 있다. 그런 관점에서도 폭력이나 괴롭힘 의존증을 단절시키려는 노력은 매우 유용하다고 볼 수 있다.

---

12 DNA 염기서열 자체의 변화가 아닌 DNA에 일어나는 부분적인 변화, 또는 DNA 주변 부위의 단백질 변화 등을 연구하는 학문.

악 의 의   탄 생

　여기서 꽤 흥미 깊은 실험을 하나 소개해 본다. 어떤 사람이라도 주어진 '역할'이나 '상황'에 따라 좋은 사람, 혹은 나쁜 사람이 될 수 있다는 유명한 실험이다. 1971년 미 스탠포드대에서 실시된 데서 '스탠포드 감옥 실험(The Stanford Prison Experiment)'이란 이름으로 널리 알려져 있다.

　이 실험에는 일반 모집된 대학생 70명 가운데 11명에게 교도관, 10명에게 죄수 '역할'을 맡겼다. 역할을 보다 실감나게 느끼도록 하기 위해 죄수역에게는 체포될 때 경찰차로 이송했고, 교도관 앞에서 죄수복으로 갈아입혔다. 또 발에는 자물쇠가 달린 쇠사슬을 채웠다. 여기까지는 주최자가 준비한 '매뉴얼'에 따라 엄격히 실행되었다.

　실험용으로 제작된 감옥에서의 생활이 시작되자 어떤 일이 벌어졌을까? 우선 교도관 역할 그룹은 죄수 역할의 사람들에게 고압적인 자세를 유지하며 윽박지르는 듯한 태도를 보였다. 반항하는 사람은 독방에 감금하고,

심할 경우 바구니에 배변토록 강제했다. 죄수 역할에 대한 학대는 점차 수위를 높였고 심한 폭력이 자행되었다. 도중에 1명의 죄수가 정신 착란 증세를 일으켜 탈락했다. 다른 죄수 역할 중 1명은 독방으로 옮겨졌지만, 교도관들은 다른 죄수에게 그 사람을 비난하도록 윽박질렀다.

사태가 점차 악화되면서 죄수들이 잇따라 정신 이상을 호소했고, 지켜보던 목사가 그 모습을 가족들에게 통보했다. 이에 가족들이 실험을 비난하면서 변호사까지 개입, 당초 2주 정도로 예정된 실험은 단 6일 만에 중지되었다. 실험을 실시한 미국의 심리학자 필립 짐바르도(Philip Zimbardo)는 '탈락한 죄수들이 (화가 나) 자신을 공격하진 않을까' 패닉에 빠졌다. 그는 당시를 되돌아보며, 실험자인 자신도 그 상황에 너무 깊이 매몰되었다고 고백했다.

이 실험 결과를 통해 알 수 있는 건 '사람은 어떤 역할이 주어진 것만으로도 쉽게 흉폭해질 수 있는 존재'라는 점이다. 학급 내 괴롭히는 아이, 경찰관, 회사 상사 등, 모두 타인을 자유로이 조종할 수 있는 권력을 손에 쥐자마자 폭군으로 변해, 난폭한 행동을 자행할 가능성이 있다.

물론 모두가 똑같은 행동을 할 리는 없다. 약한 입장에 처한 사람에게 공감을 표하는 이도 있다. 하지만 스탠포드의 실험에서 볼 수 있듯 '역할'이 '사안을 보는 관점', '행동 요령'에 영향을 줄 가능성은 크다. 대부분의 사람들은 다수파의 뜻을 거스르지 않고 '위험한 사람들'의 폭주에 (쉽게, 그리고 특별한 죄의식 없이) 가담해 버린다. 뒤집어 보면 매우 난폭해 보이는 사람도 원래 성격이나 자란 환경만이 원인이 아니라, 실은 '상황'이나 '역할 분담'에서 큰 영향을 받은 것이라 할 수 있다.

대 량 학 살 의   주 범 은
대 부 분   소 심 한   이 들 ?

　예를 들어 나치 지배하의 독일에서 유대인 대량 학살을 자행한 아돌프 아이히만(Adolf Eichmann)이라는 사람이 있다. 수백만 명의 홀로코스트를 지휘한 인물로 도피 중이던 1960년 체포된 뒤 교수형에 처해졌다. 당시 그는 공판에서 "나는 단지 윗선의 명령에 순종적으로 따랐을 뿐"이라는 주장을 반복했다.

　유대인 정치철학자인 한나 아렌트(Hannah Arendt)는 이 문제를 다룬 저작 『예루살렘의 아이히만―악의 평범성에 대한 보고서』에서 '극악무도한 인물로 알려진 아이히만은 사실 지극히 평범하고 소심한 인물이며, 변변찮은 공무원에 지나지 않았다'고 썼다가 홀로코스트 희생자 가족들에게서 심한 비판을 받았다.

　하지만 그녀의 지적은 '악의 탄생과 거대화'에 매우 중요한 의미를 시사한다. 간혹 '거악(巨惡)'이라는 표현을 쓰지만, 누구나가 악의를 갖고 상대를 공격한 것만으로는 그 규모가 커지지 않는다. '시킨 대로 실행했을 뿐'이라는 무책임한 '공무원식 마인드'가 그런 '악의'를 키워 많은 이들에게 씻을 수 없는 고통을 안기게 된 것이다.

평소 우리는 자신의 일이나 행동에 대해 그 의미를 잘 생각해 두는 것이 좋다. '시킨 대로 실행했을 뿐'이라는 건 책임 회피에는 편리한 말일지 모르지만, 그 결과 누군가를 상처 줄 수도 (심한 경우 누군가의 생명을 빼앗는 수도) 있다는 생각을 항시 가져야만 한다.

아렌트의 이런 지적은 '선과 악'에 대한 생각에도 풍부한 시사점을 제공한다. 그녀의 책에서 촉발되어, 사람이 '역할'에 따라 '악인'이 되는지 여부를 실험을 통해 생각한 이가 있다. 그것이 앞서 말한 심리학자 필립 짐바르도였다. 그의 '스탠포드 감옥 실험'은 한나 아렌트의 지적을 증명하기 위해 기획된 실험이었다.

아 이 히 만
실 험

아이히만 문제에서 촉발된 심리 실험으로 또 하나 유명한 것이 '밀그램 실험(The Milgram Experiment)', 속칭 '아이히만 실험'이다. 실험을 실시한 예일대 스탠리 밀그램(Stanley Milgram) 교수의 저서 『권위에 대한 복종』에 그 상세한 내용이 담겨 있다.

이 실험에서는 우선 피실험자에게 '교사' 역할을 부여한다. 그들은 '학생'을 연기하는 또 다른 피실험자가 전기의자에 묶인 채 단어 테스트를 받는 모습을 보여 준다. 이윽고 그들은 다른 방으로 안내되고, 인터폰 넘어 학생의 모습을 모니터하면서 학생이 범하는 '실패(문제를 틀릴 경우)'에 '전기 충격' 버튼을 누르도록 지시 받았다.

학생이 한 문제를 틀릴 때마다 전기 충격의 전압을 올린다. 학생은 전압에 따라 큰 목소리로 "선생님, 여기서 내보내 주세요!", "너무 아파요!"라고 절규했다. 그것이 인터폰 너머의 선생 역할인 피실험자의 귀에도 닿았다.

학생의 고통스러운 목소리를 참기 어려워 피실험자가 "이 이상은 못 하겠다"고 하자, 연구실 스태프가 담담한 말투로 "아니요, 계속해야 합니다. 고민하지 마세요. 계속하면 됩니다"라고 말했다.

결국 피실험자 전원이 '심한 충격'을 받게 되는 300볼트까지 전압을 올렸다. 최대 450볼트까지 올린 이도 62.5%에 달할 정도였다. 피실험자 중 몇 사람은 실험을 중지했으면 좋겠다고 호소했지만, 스태프의 설득에 굴복해 아무도 실험을 중지하지 않았다고 한다.

이 실험을 통해 '우리가 얼마나 간단히 사회의 룰이나 권위에 굴복해 버릴 수 있는지'를 알 수 있었다. 또 이 실험 전에 실시된 예비 실험에서는 다음과 같은 사항을 확인할 수 있었다.

① 학생이 아무런 불만(불평)을 하지 않으면, 피실험자 전원이 최대 출력까지 전압을 올렸다.
② 학생이 항의하고 실험을 중지하라는 이야기를 해도, 대부분의 피실험자들은 최대 출력까지 전압을 올렸다.

이 같은 결과는 당시 실험 스태프들을 크게 놀라게 했다. 사람은 생각보다 간단히 '권위'에 복종해 버린다. 이성적인 생각이나 목소리가 닿기 어렵다. 그래서 본 실험에서는 '큰 목소리로 절규한다', '벽을 손으로 친다'는 '감정에 호소하는 수단'을 도입하게 되었다.

또 별도의 예비 실험에서는 학생의 고통을 '목소리'가 아니라 '유리 너머로 보는' 상태로 알리는, 혹은 학생의 손을 잡고 직접 전기의자에 앉히는 '접촉'을 더한 조건 아래서 실험이 이뤄졌다. 이렇게 '눈으로 보고 직접 손으로 만져' 학생의 고통을 느끼는 조건에서는 '더 이상 실험을 지속할 수 없다'며 실험 속행을 거부하는 이들이 속출했다. 이런 실험 결과에서 다음 과 같은 것들을 알 수 있었다.

① 우리는 자신이 생각하는 것보다 훨씬 더 '권위'에 약하고 '상황'에 좌우되는 존재다.
② '이성'의 목소리는 '감정'의 움직임을 이길 수 없다. 강하게 감정을 뒤흔드는 상태가 되고서야 비로소 우리는 강한 '속박'에서 벗어나 '행동'으로 옮길 수 있다.
③ 거리가 멀고, 목소리만 들리는 상태에서는 우리 마음이 움직이기 어렵다. 눈앞에서 그 사람의 고통을 느끼고 손으로 직접 만져봤을 때 비로소 '강제'에 저항할 수 있다.

흔히 우리가 '자기 생각'이라 여기는 것도 실은 '타인의 판단'이나 '세간의 평가'에서 강한 영향을 받고 있다. 권위나 지위가 있는 인물, 유명인, 부자 등, 다양한 요소에서 우리는 사안의 올바름을 추량하고 그 판단 여하에 따라 일상생활을 보내는 것이다.

게다가 '인터넷 사회'는 '눈으로 보고 직접 손으로 만지는' 생생함이 결여된 세계다. 그래서 뉴스로 본, 혹은 인터넷에서 알고 지내는 타인에 대해 뚜렷한 적의를 드러내거나 듣기 거북한 욕설을 '아무렇지 않게' 내뱉는 것이다. '아이히만 실험'이 제기한 문제의식은 현 시대에 들어 더욱 중요한 의미를 갖는 듯 보인다. 따라서 자신도 타인의 악의적인 행동에 가담하고 있는 건 아닌지 잘 생각해 봐야 한다. '나는 책임이 없다', '윗선의 지시에 따랐을 뿐'이라는 책임 회피적인 태도로는 아이히만과 같은 길을 걸을 가능성이 충분하다.

인 지
왜 곡

　자신을 보호하는 시스템이 강력하게 작동하는 상태에선 우리의 '인지', 즉 '세상 보기'에도 편견이 나올 수 있다. 정신과에서 자주 사용되는 치료법 중 '인지행동요법(CBT, Cognitive Behavior Therapy)'이라는 것이 있다. '세상에서 나만 나쁜 사람 같다'거나 '1등이 아니면 꼴등이나 마찬가지'라는 식의 극단적인 인지 왜곡을 고치면 사고방식이나 행동에 변화가 생겨 우울증, 불안 장애 등을 낫게 한다는 것이다. 이 치료법의 효과는 이미 다양한 연구에서 실증되어, 임상 단계에서도 자주 사용되는 기법이다.

　하지만 우리의 '인지'는 사실 처음부터 '왜곡 성향'을 갖고 있다. 어릴 때는 '우리 엄마가 세상에서 제일 예쁘다'든지 '우리 아빠가 제일 멋지다'고 생각하고, 성장한 뒤에는 쾌감 물질인 도파민의 영향으로 '내 여자친구는 상당한 미인'이라고 느낀다. 또 아기가 태어나면 옥시토신(Oxytocin)이라는 호르몬이 분비되어 '세상에서 우리 아이가 제일 귀엽다'고 생각한다.

　이는 어떤 면에서 유전자 생존 전략의 결과이지만, 한편으로 '자신과, 자신의 유전자 복제가 가장 중요한 것'이라 느끼듯 우리 감각이나 감정이 형성되었기 때문이다. '인지 왜곡'은 그렇게 우리에게 '보기 좋은 영상'만을 보여 주는데, 스스로 그 왜곡을 올바르게 평가하기란 매우 어렵다.

양심의 가책을
상실하다

　자신을 보호하기 위한 '인지 왜곡'을 시정하기 위해, 우리 뇌에는 '공감'이란 시스템이 갖춰져 있다. 우리는 눈앞에서 다른 사람이 고통을 겪는 모습을 보면 자신도 마음이 힘들어지고, 어떤 종류의 '아픔'을 함께 느끼는 경우가 있다. 이런 '공감 메커니즘'에 대해서는 '하전두회(下前頭回)의 거울뉴런, 편도체 등의 정동(情動) 관련 영역, 또 내측전두전야(內側前頭前野)가 관여하고 있다'고 알려진다.

　누구나 한 번쯤 갑작스레 화가 난 나머지 상대를 괴롭힐 수 있는 말을 툭 던지거나, 상대를 상처 주기 위한 행동을 한 뒤 '그런 말 괜히 했네', 혹은 '내가 너무 심했나' 반성하며 괴로워했던 적이 있을 것이다. 이처럼 지나친 폭언이나 폭력에 대한 '양심의 가책(괜히 뒤가 켕기고 미안한 감정이 드는)'은 인간관계를 최악으로 몰고 가는 것을 막아 준다.

이런 '공감' 시스템은 우리가 사회생활을 하는 과정에서 매우 중요하다. 미국의 심리학자 칼 로저스(Carl Rogers)는 '공감'이 가진 힘을 활용해 '내담자 중심요법(Client-Centered Therapy)'이라는 심리요법을 선보였다. 다양한 문제를 안고 괴로워하는 사람에게 오로지 그의 이야기에 귀 기울이고, 불필요한 충고를 일절 하지 않는 '비지시요법(공감 경청)'은 수많은 동조자를 낳아, 현재 카운슬링 기술의 토대를 만들었다.

우리는 강한 불안이나 고독을 느낄 때, 내 편이 되어 줄 사람을 찾고 그런 사람을 통해 진심으로 위안을 얻는다. 엉뚱한 비판이나 간섭을 하지 않고 오로지 내 이야기를 경청해 주는 사람이 있다면, 그것만으로도 상당한 기분 전환의 효과를 얻을 수 있다. 이처럼 '공감'이란 시스템은 우리 마음을 '치유하는 힘'을 갖고 있는 것이다.

그래서 마음이 약해진다고 느낄 때 우리는 누군가의 '승인'을 바라고 집단에 의존하는 경우가 자주 있다. 가족이나 친구, 취미 그룹 등에서 조금 수상쩍은 집단에 이르기까지 '공감'을 바라고 다양한 그룹에 매달리는 경우가 많다.

이런 '공감의 연쇄'는 우리 마음을 안정시키는 힘을 갖고 있다. '신뢰의 끈, 유대감'이 가진 힘으로 불안한 마음이 치유되는 경우도 많다. 하지만 동시에 '이 사람들이 말하는 건 무조건 믿을 수 있다'는 식의 '무비판적인 수용, 맹목적인 찬성'으로 흐르는 경우 또한 자주 있다.

군 중 심 리 의
무 서 움

이 같은 '공감의 연쇄'는 '군중심리', 혹은 '집단심리'라는 것과도 크게
연관되어 있다. 19세기에 활약한 프랑스의 사회심리학자 귀스타브 르 봉
(Gustave Le Bon)은 저서 『군중심리』에서 군중의 심리를 다음과 같이 정리했다.

'인간이 모여 군중이 되면(집단을 이루면) 각자 한 사람 한 사람일 때와는
전혀 다른 성질을 띠게 된다. 충동적이고 동요하기 쉬우며, 흥분하기 쉽다.
암시를 받기 쉽고, 감정이 과장되며 단순해진다. 또한 편협하고 난폭해지
기 쉽다.

지도하는 입장에서는 '확언', '반복', '감염'이라는 3가지 수단을 유효하
게 활용해 군중을 자기 뜻대로 조종하고, 그에 성공한 사람은 '영웅'으로
등장하게 된다.'

이 책이 나온 건 19세기 말이었지만, 그 후에도 이런 수단을 활용해 대

중을 선동하고 전쟁이나 대량학살을 일으킨 독재자, 정치가들의 이름을 우리는 몇 사람이나 들 수 있다.

직장처럼 비교적 작은 집단 내부에서도 이 같은 군중심리는 자주 볼 수 있다. 누군가가 무의식중에 던진 한마디 "○○ 씨, 이번 일 잘 안 되었다던데?"가 "○○ 씨는 일을 잘 못하나봐"가 되어 "○○는 무능하다"는 '확언'으로 이어지게 된다. 여기저기서 같은 소문이 '반복'되면서 주위 사람들에게 '감염'되고 또 '확산'된다.

최초로 이야기한 누군가는 자신이 한 행동이나 발언 자체를 자각하지 못하는 경우가 많다. 하지만 여기저기서 같은 이야기가 나오면, 집단에 대한 '일종의 심리 조작'을 의심하게 된다. 나 역시 그 '조작'에 당한 것일 뿐, 그것이 나쁘다는 인식 자체가 전혀 없다. 오히려 '직장을 위해 올바른 행동을 했다'고 믿으며 행동했을 뿐이다.

이런 현상은 현대의 '정보화 사회' 속에서 한층 더 가속화되는 것처럼 보인다. 인터넷상에 등장한 누군가의 발언, '왜곡된 정의감'에 의한 그럴싸한 주장, 혹은 '악의'로 퍼뜨린 의도적인 '흑색선전'에 이르기까지, 모든 '정보'가 인터넷을 통해 순식간에 확산되어 버린다.

'감정'을 자극받은 이들은 더 감정적인 말을 더해 그것을 확산시켜, 순식간에 기업이나 정부에 큰 충격을 줄 수 있는 파고를 만들어 낸다. 간혹 한두 사람이 이성적인 판단으로 '충고'해도 되려 집단의 분노를 사 무시되어 버리기 일쑤다.

최근 미디어 등에서 이뤄지는 일방적인 공격에는 이 같은 '군중심리'가 큰 영향을 주고 있다. 집단적인 감정 자극을 일으켜 일종의 광분 상태에 이르렀을 때야말로, 그 속에 누군가의 의도가 감춰져 있지 않은지 냉정하게 살펴봐야 한다.

공 기 (분위기) 에   의 한
지 배

앞 장의 '스쿨 카스트'에서도 다뤘듯, 일본 사회에서는 'KY(공기를 읽을 수 없는, 분위기 파악을 잘 못한다는 뜻의 일본어 '구키오 요메나이(空気を読めない)'의 앞 글자에서 따온 조어—옮긴이 주)'라는 말이 큰 화제가 된 적이 있다. 하지만 이 경우 '공기(분위기)'란 도대체 무엇일까? 그건 어떻게 생기고, 또 어떻게 우리를 지배하고 있을까?

평론가인 야마모토 시치헤(山本七平)는 저서 『공기의 연구』에서 '대상의 임재감적(臨在感的)인 파악'이란 말로 그 '공기'의 의미를 표현했다. 즉, 우리가 볼 수 있는 물질의 배후에 보이지 않는 '무언가'가 존재한다는 '느낌'이자, 우리는 거기서 부지불식간에 영향을 받고 있다. 이를 위해서는 '감정 이입'을 절대시하고, 그것을 '감정 이입'이라 생각하지 않는 상태가 되어야 한다고 말한다.

우리는 모두 '공감' 시스템으로 연결되어 있다. 그건 일본의 역사와 문화 속에서 고도로 연마되어 '오모테나시(おもてなし, 진심을 담아 손님에게 극진한 환대, 대접을 한다는 일본의 접객정신―옮긴이 주)' 정신으로 세련되게 발현되거나, 큰 재해 때에도 긴 줄을 서서 물이나 식료품을 배급받는 질서정연함으로 나타나 세계적인 찬사를 들었다. 하지만 동시에 이 시스템은 오래 전 '마을 법도를 어긴 사람과 그 가족을 따돌리는 문화(村八分)', 그리고 '2차대전 당시 국민을 통제하기 위해 만들어진 최말단의 지역 조직(隣組)'처럼 순식간에 우리를 옥죄고 서로 감시하게 만들어 자유로운 삶을 방해하는 공기로서 우리를 괴롭힐 수도 있다.

야마모토 씨의 지적은 그런 의미에서 매우 날카로운 것이지만, 약간 철학적이고 이해가 어렵다는 지적도 있다. 게다가 그 이후 관련 테마의 후속 연구가 충분히 이뤄졌다고도 말하기 어렵다. 뇌 영상 진단 등이 발달한 현재야말로 '공기'에 대한 다양한 연구가 이뤄지기 좋은 시대가 아닐까?

왜곡된 정의감을 낳는 조건

타인에 대한 강한 '적의'나 '악의'를 가진 사람은 자기 마음속에 강한 열등감이나 불안을 가진 경우가 많다. 어릴 때부터 '자기긍정'이나 '자존심'이 충분히 배양되지 못한 경우, 자신의 '영역'이나 '이익'을 지키는 데 상당히 예민해지는 경우가 자주 있다. '자신이 위험에 처했다'고 여겨 '내 영역을 지키지 못하면 안 된다'는 강한 불안과 강박관념에 사로잡히는 것이다.

나를 미워하는 상대 입장에서 보면 커다란 '착각'일 수 있지만, 본인에게는 중대한 '권리 침해'라고 느낄 수 있다. 그것이 '부당한 악의'가 아닌지를 증명하기 위해 내놓은 것이 '나는 올바른 입장에서 사안을 이야기한다'는 '정의감'이다.

자신이 바라는 지위를 얻지 못하면 '이런 잘못된 인사가 태연히 이뤄지는 게 말이 되느냐'는 식으로 분노한다. 또 경쟁 PT에서 지고서 '저런 터무니없는 계획을 선정하는 게 과연 제대로 된 회사냐'고 멋대로 생각해 버리기 일쑤다.

내가 생각한 대로 되지 않으면 타인을 부정하고, 이들을 '악'으로 간주해 공격 대상으로 삼는다. '자신이 위기에 처했다'는 불안감이 강한 사람들은 '무엇이 옳으냐'는 판단조차 자기 좋을 대로만 왜곡하고 재단해 버린다. 이리하여 '인지 왜곡', 혹은 '왜곡된 정의감'이 생기는 것이다.

유전자가 생존하기 위해서는 '자기를 보호하는 것', '자기 복제(아이)를 만드는 것', '아이들을 보호하며 기르는 것' 등 3가지 조건이 압도적으로 중요한 역할을 점한다. '나 자신이 불쌍하다', '내 가족이나 친척, 내 편을 들어 주는 사람이야말로 소중하다'는 감정은 매우 강한 영향력으로 우리 행동을 지배한다. 그건 인생의 힘겨운 국면을 극복하기 위해 매우 중요한 요소이지만, '왜곡된 정의감'의 방패막이 되어 주위 사람들을 힘들게 하는 원인이 될 수도 있다.

그렇다면 이 같은 '감정의 폭주'를 막기 위해 우리는 어떻게 해야 할까? 우선 내 마음속에서 생겨나는 다양한 '감정'을 있는 그대로 받아들인다. '화', '불안', '공포' 등의 감정은 우리의 판단을 크게 왜곡시킬 가능성이 있다. 어쩌면 그것을 정당화하고자 '왜곡된 정의감'을 내놓게 될지 모른다. 한시라도 빨리 거기서 도망치고 싶다는 '초조함'은 우리 판단을 더더욱 자기중심적으로 왜곡해 버릴 공산이 크다.

그래서 '내가 바르다'는 생각이 강하게 들 때는 '정말로 그런지' 잠시 멈춰 서서 잘 생각해 봐야 한다. 주위와 상담하려 해도, 친한 가족이나 친구는 정확한(객관적인) 판단을 내릴 수 없는 경우도 있다. 이들은 대개 자신과 비슷한 생각을 가진 사람이 많고, 자신에 대한 걱정도 남다를 것이다. 그러므로 이해관계가 전혀 없는 타인, 혹은 그 분야의 전문가에게 충고를 구하는 편이 훨씬 낫다.

또한 다른 사람의 의견에 귀를 기울이는 것(경청) 또한 중요하다. 이때 자신과 다른 생각을 있는 그대로 수용할 필요가 있다. 마지막으로 다양한 시행착오를 겪어 보는 것도 중요하다. 비록 그 과정이 길고 험난하더라도, 성공과 실패가 뒤섞인 다채로운 경험을 통해 우리는 '왜곡된 정의감'의 함정에서 벗어날 수 있을 것이다.

제7장

위험한 이웃에
어떻게 맞설까

'위험한 이웃'의
타입별 대처법

지금까지 살펴본 '위험한 이웃'들에게 우리는 어떻게 대응해야 할까? 우선은 직장을 예로 들어 그 타입별 대처법을 살펴보고자 한다. 물론 이런 분류가 반드시 의학적인 근거를 따라야 할 이유는 없다. 하지만 '위험한 이웃'을 몇 가지 타입으로 분류해 보면 보다 구체적인 대책 마련이 가능해진다.

① '두목 원숭이' 타입

언제든 꼭대기에 서고 싶어 하는 타입이다. 이들은 명령하거나 위엄을 뽐내기를 좋아한다. "자네 말이야"라든지, "이렇게 하는 게 좋다니까"처럼 우월적인 시선으로 상대방에게 뭔가를 가르치길 좋아한다. '위에는 아부, 밑에는 복종 강요'가 기본적인 처세술이다. 자기 영역을 침해하는 것을 매우 싫어해 '그런 놈은 혼쭐을 내줘야 한다'고 생각한다.

이들에 대한 대처법으로는 '상대방의 가치관에 최대한 맞추는 것'이 중요하다. 머리를 숙이고 지시대로 움직이면 별 문제 없다. 다만 이들은 귀찮은 일을 떠넘기는 경우가 많은데, 이때 한마디라도 대꾸했다가는 천둥번개 같은 불호령이 떨어진다.

혹시라도 자기 영역을 침범하면 관계된 이들을 모두 불러 모아 '모두까기 공격'을 시작한다. 그때는 무조건 머리를 숙이고 오로지 공손한 태도를 보이는 게 안전하다. 그 행태에 너무 어이가 없다손 치더라도 굳이 나서 일을 그르칠 필요는 없다. 상대는 '의리와 인정, 때로는 뒷돈'으로 관계를 맺는 경우가 많고, 구체적인 수치나 논리로 이야기하는 것을 싫어한다. '중재'를 부탁하려면 상대보다 '직위상 위에 있는 사람'이어야 하고 기본적으로 '남성'이어야 한다. 이런 타입은 '힘의 균형'에 민감하기 때문에 '자기보다 위에 있는 상대'에겐 무리하게 싸움을 걸지 않는다.

이 타입의 '카리스마 원 맨 사장'이 있는 회사라면 사내 전체가 비슷한 공기(분위기)로 지배되는 경우가 많다. 그러므로 타입이 전혀 맞지 않다면 이직을 적극 고려하는 게 좋다.

② '사이코패스' 타입

이들은 기본적으로 머리가 좋고 일을 잘한다. 말 주변이 좋아 이성들에게도 인기가 있는 편이다. '일 잘하는 비즈니스맨'의 전형적인 타입이라 할 수 있다. 다만 공감 능력은 제로. 이들은 업무 능력이 떨어지는 사람을 싫어한다. 아니, 혐오한다.

업무상으로만 얽힌 경우라면 신뢰할 수 있는 파트너다. 하지만 이런 타입이 자기 주변에 있으면 꽤나 성가신 존재다. 이들은 이치에 맞지 않는 일을 굉장히 싫어한다. 혹여 수준 낮은 질문이라도 했다가는 '너 바보 아니냐'는 식의 고압적인 시선으로 무시당하기 일쑤다. "멍청한 놈", "쓰레기" 같은 폭언쯤은 견딜 수 있어야 한다.

이들은 적으로 돌릴 경우 꽤나 성가신 타입이기도 하다. 상대가 가장 아파할 것 같은 공격을 생각해 교묘히 걸어온다. 사전에 그것을 알고 방어하기란 꽤나 어렵다. 만일 상대가 '죽을 각오로 덤비면' 오히려 뒤끝 없고 미련을 두지 않는다.

이 같은 타입에 대한 대응책은 '붙지도, 떨어지지도 않는' 적당한 거리감을 유지하는 것이다. 비즈니스 파트너로서 일관된 관계를 유지할 것. 만일 지뢰를 밟았다고 생각하면 어설프게 변명하지 말고, 객관적인 보고나 성실한 사죄가 필요하다. 만일 그것으로 안 된다면 '비난 폭풍'을 견뎌내야만 한다.

이때 '나중에 몇 배로 갚아 주겠다'는 식의 어설픈 복수심은 절대 금물이다. 오히려 자신이 그 몇 배의 보복을 당할지도 모른다. 만일 이 이상은 도저히 안 되겠다고 생각하면 깔끔하게 떠나는 것이 최선이다.

③ '말단 관리' 타입

'호랑이의 위세를 빌린 여우', 소위 '권력을 방패삼아 허세 부리는 타입'이다. 업무 능력은 떨어지지만, 무능하다는 소리를 들을까 두려워 '현재 직위'에 강하게 집착한다. 역시 '윗사람에게는 약하고 아랫사람에게는 강한' 타입이지만, 그릇이 작아 절대 리더가 될 수는 없다.

이런 타입은 누군가(특히 부하)가 '자기 영역을 침범하는 것'을 두려워한다. '두목 원숭이' 타입과 달리 '불안'과 '공포'가 행동의 동기가 된다. 아랫사람에게 허세 떨기를 좋아하고 때때로 '두목 원숭이' 흉내를 내지만, 부하에게 무시당하는 경우도 많다.

자신의 '불안'이 기준이기 때문에, 본인이 잘 모르는 '기준'에 대해선 불같이 화를 내곤 한다. '일종의 히스테리'인데, 정작 본인은 그렇다는 자각이 전혀 없다. '자신은 옳은 일을 했을 뿐'이라는 '왜곡된 정의감'의 체현자라 할 수 있다.

이들을 한번 적으로 돌리면, 성가시고 집요한 공격을 지속적으로 걸어온다. "자네 너무 일을 대충대충 하는 거 아니야?"라든지, "그래서야 이성에게 인기 있겠어?"처럼 사람을 기분 나쁘고 짜증나게 만든다. '아휴~ 저걸 그냥 한 대 쥐어박을까' 싶은 마음이 굴뚝같다. 하지만 이런 타입은 '감사'를 표하며 씨~익 웃어 주는 식으로 대하는 게 가장 좋은 전술이다.

눈꼴사나운 짓을 계속 해도 대놓고 본인과 부딪혀서는 안 된다. 뒤에서 어떤 꿍꿍이를 부리는 경우가 많아, 사내 관리부서도 잘 움직이지 않는다. 정말로 그 사람과 대적하고 싶다면, 더 위의 '두목 원숭이 사장'에게 직소하는 방법도 있다. 사장에게 "자네 이 건은 내게 맡겨주겠나" 하는 식의 이야기를 들으면 '말단 관리' 과장도 "사장님께서 직접 그런 말씀을 해주셔서 영광입니다" 감격하며 되려 머리를 조아릴 것이다. 다만 실제로 그렇게 안 될 수도 있으니 아무쪼록 주의를.

④ '왕언니' 타입

'여자 카스트'의 정점에 선 타입이다. 고참 사원, 혹은 베테랑 과장인 경우가 많지만, 사내 직위로 봐선 상상조차 할 수 없을 만큼 막강한 영향력을 갖고 있다.

여성들은 '내부(속에 감춰진) 카스트'에 민감하지만 남성들은 '외부(겉으로 드러나는) 카스트'밖에 모르는 경우가 많다. 간혹 특정 여직원에 대한 친절한 말투와 태도가 여직원 네트워크에서 증폭되어, 좋은 평판을 확산시키기도 한다. 하지만 자신도 모르는 사이 '성희롱 발언'으로 '제 무덤을 파는' 상황에 처할 수도 있으니 각별한 주의가 필요하다.

물론 여직원들 사이에서 '왕언니'의 존재를 성가시게 느끼는 경우도 적지 않다. 하지만 '여자 카스트'가 뿌리 내린 직장에서는 그 분위기를 거스르기 어렵다. '자랑하지 말고', '눈에 띄지 말고', '대세를 거스르지 말고' 일하는 것이 가장 무난한 선택지다.

만일 '왕언니 군단'을 적으로 돌린다면 어떻게 될까? 어떻게든 직장을 다녀야 할 사정이 있다면 '카스트' 최하위로 떨어져도 꾹 참고 견디는 수밖에 없다. 물론 그럴 경우 '하루라도 빨리 그 자리를 떠나는 게' 상책이긴 하지만….

⑤ '정신 이상자' 타입

'혹시 저 사람 정신병 아닌가' 싶은 타입이다. 병원에 가 봐야 할 사람은 오히려 대응법이 명확하다. '문제 사원'을 진단해 보면, 대개 '알코올성 뇌증'이나 '가벼운 인지 장애', '우울증' 등을 발견할 수 있다. 최근에는 치료로 나아지는 경우도 많기 때문에 병원에 꼭 가 보길 권한다.

그 정도는 아니지만 '저 정도면 좀 병적인 거 아닌가' 싶은 사람도 왕왕 있다. '인격 장애'라 진단 받은 사람도 있지만, 대부분은 그 정도까진 아니다.

'사소한 일로 갑자기 화를 낸다', '말하는 게 계속 바뀐다', '본인이 나쁘다는 생각이 전혀 없다' 등 사회적 통념의 범위를 넘어선 생각이나 행동을 하는 사람이 꼭 있다. 그로 인해 주위 사람들도 힘들고, 본인도 어떻게 해야 할지 모르는 경우가 있다.

이런 사람들은 일단 의료 기관에서 진찰을 받아 보길 권한다. 본인이 싫어할 경우에는 무리하지 말고, 주변과의 관계 조정을 위해 노력한다. '상대방의 기분을 이해할 수 없다'거나 '지시받은 내용이 머리에 들어오지 않을' 경우, 어려워하는 분야에 대해 하나하나 구체적으로 대응한다. 그중에서 본인이 할 수 있는 것들을 먼저 찾고, 조금씩 자신감을 가지며 주변과의 신뢰 회복을 꾀해 나가는 것이 바람직하다.

인생의
시련

우리 주변에는 다양한 타입의 '위험한 이웃'이 존재한다. 하지만 그중에서도 '왜곡된 정의감'으로 부당한 공격을 걸어오는 상대방을 '설득'하기란 꽤나 어렵다.

이쪽에게는 '부당한 박해'였어도 그들에게는 '올바른 행동'이기에, 이쪽이 무슨 말을 한들 '꼴사나운 변명'으로밖에 듣지 않는다. 이성적인 대화, 상호 이해에 기초한 협의 여지 등을 바랄 수 없는 경우가 대부분이다.

그렇다면 그런 상대에게는 어떤 대응을 할 수 있을까? 상대가 회사 상사, 근처 이웃, 혹은 친척이나 가족이었어도 가장 중요한 건 자기 자신의 '마음가짐'과 '용기'다.

인생에는 다양한 시련이 찾아온다. 대입 시험부터 취업 준비, 연애와 결혼, 출산과 육아, 나아가 주위로부터 받는 부당한 공격까지…. 이 같은 '시런'을 모두 내가 바라는 형태로 극복할 수 있다면야 문제가 없다. '희망하는 학교에 들어간다. 바라던 회사에 들어가고, 좋아하는 상대와 순조로이 연애한 뒤 결혼한다.' 하지만 실제로는 그런 순풍에 돛단 듯한 인생은 극소수다. 조금 과격하게 말하자면, 고생 없이 모든 일을 손쉽게 이뤄 온 사람들은 나중에 터무니없는 고통이나 뼈아픈 실패를 겪으며 비참한 여생을 보내기 쉽다.

분 할 처 리 의
필 요 성

다양한 고난에 직면해도, 자신을 잃지 않고 문제에 현명하게 대처해 나
가는 사람들이 있다. 이들은 '커다란 어려움을 세밀히 분류하는 데' 도가
튼 것처럼 보인다. '오늘 할 수 있는 것만 한다', '내일 일은 내일 생각한다'
는 식의 사고방식을 무리 없이 소화할 수 있는 이들이다.

직면한 문제의 어려움은 실제보다 크게 보여 '난 절대 못 한다'는 생각
을 갖기 쉽다. 가장 문제인 건 '자포자기'다. '지금 즉시 뭐라도 해야 한다',
'모든 걸 혼자서 해내야 한다', '이걸 실패하면 완전히 끝이다'라는 식으로
자기 자신을 벼랑 끝으로 내모는 사고방식은 위험하다. 작은 문제를 처리
할 때는 괜찮지만, 커다란 어려움을 해결할 때는 전혀 맞지 않다.

'분할 처리'의 방법은 다음과 같다.

- 목표치를 몇 개의 레벨로 나눈다.
- 기한이나 마감을 단계적으로 설정한다.
- 응원을 부탁하고, 작업을 분담한다.
- 고통, 슬픔 같은 감정도 다른 사람과 나눠 가진다.
- 시간을 나눠 '지금 이 순간', '오늘 하루'에 집중한다.

문제를 세밀히 나눠 보면 '어떻게든 될 것 같다, 해볼 만하다'는 용기가 생긴다. 문제 해결에서 중요한 건 '어떻게든 될 것 같다, 해볼 만하다'는 신뢰감과 자신감이다.

덧붙여 '시련'을 나누는 방법은 멘탈 트레이닝상 매우 도움이 되는 방법이기도 하다. 우리가 근육 트레이닝에서도 한 번에 커다란 부하를 걸면 신체에 무리가 생겨 오래 지속하기 힘들다. 하지만 조금씩 정기적으로 부담하면, 근육이 발달해 커다란 힘을 발휘할 수 있다.

멘탈 트레이닝도 마찬가지로 '작은 시련'을 하나하나 극복해 가다 보면 어떤 고난에도 주저앉지 않는 강한 정신력을 얻을 수 있다.

마지막 시련은 가족?

　인생의 다양한 시련을 극복했을 때 마지막으로 커다란 '벽'이 기다리고 있다. 바로 '가족' 문제다. 현대 사회는 주변인이나 상사, 동료에게도 '마음을 허락하기 힘든' 시대다. '위험한 이웃'은 사방에 존재한다. 그렇다면 마음을 허락할 수 있는 건 오직 '가족'뿐일까? 실은 그런 '마음의 틈새'가 인생을 더 어렵고 힘들게 만드는 경우가 많다.

　집에 돌아갔을 때만큼은 마음껏 늘어져 있고 싶다. 그 기분은 누구나 알 것이다. 일로 심신이 지쳐 집에 돌아갔을 때, 그리고 꿀맛 같은 휴일만큼은 집에서 빈둥빈둥대며 지내고 싶다.

　하지만 '가족 서비스'를 하지 않으면 아내와 아이들에게 불평을 듣기 십상이다. 가족 입장에서 보면 항상 "잔업으로 피곤하다"면서 집에서는 아무 일도 안 해 준다. 아이의 입학식, 운동회에도 거의 참석하지 못한다. 일요

일조차 "아이들을 놀이공원에 데려가 달라"는 소리를 들어도 "그냥 집에서 쉬고 싶다"고 말한다.

그러는 사이 아내는 입을 닫게 된다. 아이들도 크면서 '놀아 달라'는 말 자체를 안 하게 된다. 아버지는 자신의 고충을 조금이나마 이해해 주길 바라지만, 그건 큰 착각이다. 회사를 정년퇴직한 날, 그를 기다리는 건 한 장의 이혼 서류였다는 말이 예전부터 자주 들린다.

그렇다면 지금은 어떨까? 여성의 사회 진출로 전업주부가 많이 줄어든 현재, 사회 전체나 회사의 고용제도가 변화하면서 가족의 모습도 크게 바뀌고 있다. 이에 따라 부부간, 부모-자식 간의 인간관계도 예전과는 크게 달라졌다.

'가족이기 때문에 내 편일 것이다. 아니, 어떤 경우, 어떤 상황에도 내 편이어야 한다'는 '확신'은 종종 배신당한다. 그 생각이 강해지면 강해질수록 가족이 '위험한 인물'로 돌변했을 때 받는 충격도 커진다.

뿌리 깊은
가족 간의 갈등

　직장이나 이웃과의 갈등은 거기서 떠나면 해결되는 경우가 대부분이다. 하지만 가족은 그렇게 할 수 없다. 아무리 밉고 싫어도 가족의 불행, 유산 상속의 문제 등으로 얼굴을 마주하거나 이해관계가 얽힌 이야기를 할 수밖에 없다. '이렇게 싫은데도 평생 연을 끊을 수 없다'는 속박감이 한층 더 본인을 괴롭힌다. 그렇다 해도 '서로 싫어한다'는 자각을 가진 경우에는 아직 해결의 가능성이 있다. '가급적 보고 싶지 않다'는 감정이 서로를 멀어지게 하기 때문이다. 문제는 '캡슐 부모-자식(カプセル親子, 지나치게 밀접한 부모 자식 관계를 일컫는 말—옮긴이 주)'처럼 서로가 정신적으로 일체화된 경우다. 상담을 하다 보면 "우리 애는 착하고 반항기가 없었다"고 말하는 엄마들이 있다. 엄마 본인이 그것을 자랑스럽게 여기는 게 틀림없다. 아이도 그 말을 뒷받침하듯 항상 그렇게 행동한다. 하지만 사실 그건 꽤나 무서운(?)

이야기다. 남자 아이의 경우 특별히 조심해야 한다. '반항기'라는, 유전자가 정한 '자립 기회'를 살리지 못했다면 나중에 강한 '반동'을 일으킬 가능성이 크기 때문이다. 중년이 되고서야 그 '반동'이 나타날지도 모른다.

얼마 전 70대 엄마에게 "슬슬 일해야 하지 않냐"고 잔소리를 들은 니트(NEET)족[13] 40대 아들이 엄마를 칼로 찔러 죽인 뉴스가 있었다. 가슴 아픈 이야기이지만, 엄마는 아들의 기분을 마지막까지 이해할 수 없었을 것이다. 그리고 그 반대도 마찬가지. '가족이기에 뭐든 다 알아주고 이해해 줄 거'라는 생각은 사실 일방적인 오해인 경우가 대부분이다.

가족은 그 연을 일생동안 끊을 수 없다. 그렇기에 가장 성가신 존재이기도 하다. 아이들이 아직 어리고 혼자 살아갈 수 없는 시기에는 부모가 지켜 줘야 한다. 또 그렇게 우리의 뇌와 신체 메커니즘이 완성되어 있다.

아이들에게 '자립 시스템'이 발동하는 시기, 즉 '사춘기'가 찾아오면 그들의 자립을 도우면서 조금씩 '거리를 둔 채' 대해야만 한다. 하지만 현대의 교육 제도 아래서는 사춘기 기간도 밀착된 형태로 보내야 하는 경우가 많다. 이는 부모에게나 아이에게 '커다란 시련'이 될 수 있다. 이 시기를 어떻게 극복할지에 따라 그 후의 가족 관계, 인간관계가 결정된다.

가족 관계에 '허울 좋은 일(일종의 겉치레)'이란 통용되지 않는다. 항시 '속내'가 요구된다. 그렇기 때문에 '진심'으로 부딪히고 상처입고, 서로 아파하는 것이다. 그 과정에서 신뢰할 수 있는 관계가 가능한지 몇 번이고 의문시된다. 하지만 몇 년간에 걸친 괴로움 끝에 얻은 것이 '가족에 대한 신뢰', '자신에 대한 신뢰'라면 어떤 고난에도 자신을 지탱해 주는 '힘'이 될수 있다.

---

13 일하지 않고 일할 의지도 없는 청년 무직자를 뜻하는 신조어. Not in Education, Employment or Training 의 약자다.

괴로움을
즐기는 방법

어떤 고난도 생각하는 방식에 따라 충분히 즐길 수 있는 사람들이 있다. 작가 유우키 쇼지(結城昌治)는 『죽음도 치유가 되어』라는 책을 썼다. 주인 공인 저자는 폐결핵 수술, 오랜 요양소 생활 같은 힘겨운 고난에 좌절하지 않았지만, 결국은 죽음을 예감하며 그것을 수용하는 단계에 이른다. '아직 죽지 않은 여생이기에 우선 1년만이라도 최선을 다해 살아 보자'는 그의 생각에는 우리도 배울 점이 많다.

매일 다양한 공격을 받는 상황에 놓이면 누구든 괴롭고 고통스러울 것 이다. 그럼에도 '이건 인간 관찰을 위한 좋은 기회'라고 한번쯤 발상을 전 환해 보면 어떨까?

'나를 공격하는 사람들은 왜 이런 행동을 할까?', '내가 몰랐던 사람의 본성을 지금 경험해 보는 것'이라 생각해 한 사람 한 사람의 말이나 행동을 유심히 관찰해 본다. 그러자 큰 목소리로 당신을 비난하던 그들의 '속내'와 '약점'이 보일지 모른다.

또 거기서 한 걸음 더 나아가 '모처럼 얻은 기회이니 이번에 배운 것을 정리해 나중에 책으로 써봐야겠다'든지, '이야기 소재로 삼기 좋으니 좀 더 자세히 기록해 두자'고 생각해 보는 것도 좋다.

굳이 그 자리에서 반격하려 한다든지, 자신을 알아주길 바라는 욕심 따위 하등에 쓸모없다. SNS나 블로그에서 반론해 봐야 초조한 기분이 앞서, 전하고 싶은 내용을 제대로 전하기 힘들다. 도리어 상대의 주장이 더 확산되거나 실망할 일들이 산더미처럼 쌓일 수도 있다. 지금은 꾹 참고 '나중에 천천히'라는 마음가짐이 더 좋은 것이다.

자 존 심 을
팔 지 마 라 !

　당신을 부당하게 공격하는 사람들은 '당신이 그들에게 굴복하고, 그들이 이야기한 대로 하길' 바란다. 그들의 '세계관'을 인정하고 당신이 '자신다운 삶'을 포기하는 것이다. 요컨대 그들은 당신에게 '혼을 팔고 자신들의 노예가 되라'고 말한다. 그런 무례하고 제멋대로의 요구에 쉽게 굴복해선 안 된다.

　괴롭힘을 당한 아이가 겪은 수많은 피해 사례를 자주 듣는다. '빵 셔틀'을 시키거나 돈을 빼앗는, 혹은 어려운 문제를 해결하라고 강요하는 사례 등이다. 하지만 그들은 단지 돈이나 재미를 원해서만이 아니다. '자신들보다 아래 있는' 대상을 만들어, 자신들의 불안정한 입지를 긍정하고 싶은 것이다.

'스탠포드 지옥 실험'에서도 드러났듯, 인간은 '다른 사람을 마음대로 해도 좋다'는 권한을 부여받으면 난폭해지고 상대를 학대하게 된다. 괴롭힘을 당한 아이가 자살이나 사고로 죽어 버릴 때까지 '괴롭힘'의 강도를 높여가는 경우가 자주 있다. 사태가 공공연해지고 법적인 처벌을 받아도 그들이 문제의 본질을 이해하기란 꽤나 어렵다.

그러므로 당신의 '자유'를 빼앗기려 할 때 상대방의 기분을 망치고 싶지 않다고 해서 그 부당한 요구를 따라선 안 된다. 그리고 매일매일 이뤄지는 심한 폭언과 폭력에도 자존심을 빼앗겨선 안 된다.

상대가 원하는 건 당신의 돈이나 물건, 직위 등이 아니다. 언뜻 그렇게 보인다 해도 그들이 정말로 원하는 건 당신의 '자존심'이자 '자유' 그것이다.

'괴롭힘'을
극복하다

인간이 '생물'인 이상 '괴롭힘'을 없애기란 어렵다. 우리에게는 생물학적으로 '상대를 쓰러뜨려야 오래 산다'는 프로그램이 깔려 있다. 하지만 그것이 난폭한 행동으로 이어지지 않도록 인류는 '사회'를 발전시키고, 상호간의 자유를 존중하는 '법률'과 '사회 제도'를 발달시켜 왔다. 그 덕에 인류는 지상에서 가장 신속하게 그 유전자를 늘릴 수 있었다.

다만 상호 자유를 존중하는 삶의 방식은 생물학적인 욕구와 상충되는 부분이 있다. 그러므로 타자의 권리를 침해하는 사건이 지금도 끊이질 않고 벌어진다. '괴롭힘'도, '부당한 공격'도 완전히 사라진 적이 없다.

"나는 항상 손해만 볼 뿐, 그런다고 이게 달라질 것 같지도 않다"며 비탄에 찬 목소리를 내는 이들도 아직 많다. 하지만 그렇기 때문에 오히려 '희망'이 있는 게 아닐까. 왜냐하면 지금 살아 있는 사람들은 먼 옛날부터 '적자생존'의 치열한 싸움 끝에 살아남은 인류의 자손들이기 때문이다.

자신이란 존재는 선조들의 '치열한 싸움'을 통해 생존한 '존엄한 성과'인 것이다. 그 사실을 자각하는 것도 매우 중요한 일이다. 현대의 '괴롭힘' 정도로 자포자기 하는 건 결코 있을 수 없는 일이다. 자신은 그만큼 소중하고 대단한 존재라는 점을 우리는 반드시 자각해야 한다.

남에게 인정을 베풀면
반드시 내게 되돌아온다

사람은 인생의 어딘가에서 균형을 잡으며 살아가는 존재다. 겉치레에 과도하게 치중하는 사람 중에는, 사실 가정에서 미움을 받는 경우가 적지 않다. 또 가정 내에서 좋은 아빠, 엄마를 연기하는 사람 중에는 직장에서의 행동거지가 나쁘거나, 아무렇지 않게 나쁜 짓을 하는 사람도 있다.

일상적인 스트레스가 쌓인 탓인지, 상대가 연상이든, 타인의 아내나 남편이든, 자신의 가족에게는 절대 쓰지 않을 말로 상대방을 매도하는 사람도 있다. 그 사람은 그런 말과 행동으로 속이 시원할지 모르나, 반드시 누군가가 그걸 듣고 볼 수 있다는 점을 항시 생각해야 한다. 결과적으로 그런 행동은 반드시 자신에게 되돌아오는 법이다.

일본 옛 속담에 '남에게 인정을 베풀면 반드시 내게 되돌아온다(情けは人のためならず)'는 말이 있다. 누군가를 불쌍히 여기고 동정을 베푸는 건 꼭

다른 사람을 위해서만이 아니다. 결국은 자기 자신을 위한 일이기도 하다. 이런 말의 의미를 한 번 더 곱씹어 볼 필요가 있다.

언젠가 필자를 찾아온 여성 환자가 "혹시…"라며 뭔가 기억난다는 듯 인사한 적이 있다. "학창 시절에 내가 큰 신세를 졌었지"라며. 그녀는 대학교 때 나와 같은 서클에 소속된 적이 있다고 했다. 기억을 거슬러 가보니, 우리 서클이 기획해서 교외 테마파크에 함께 갔을 때의 일이 떠올랐다.

"그때 정말 즐거웠지. 근데 왜 그 뒤 구급차에 탔던 기억이 나는데…"

하지만 나는 왜 그랬는지가 도통 기억나지 않았다. 그러자 그녀는 웃는 얼굴로 이렇게 설명했다.

"왜긴, 다 나 때문이었지. (웃음) 그때 몸 상태가 좋지 않았는데도 제트코스터에 탔다가 과호흡 발작을 일으켰지 뭐야. 숨쉬기가 고통스럽고 팔다리가 저려서 '나 이대로 죽는 건가'하는 생각이 들었지. 그러자 한 선배가 급히 구급차를 불러줬고, 그때 네가 '나는 의대생이지만 안타깝게도 아직 아무것도 할 수가 없어. 그래도 병원까진 함께 갈 수 있으니 너무 걱정 마'라며 나를 안심시켜 줬지. 그게 얼마나 기쁘고 위로가 되었던지…, 그때 고마웠던 기분은 지금도 잊을 수가 없어. 오늘 이렇게 고마운 선생님을 또 만나고 진짜 운 좋은 날이네." (웃음)

우리가 사는 이 세상은 정말 좁다. '원인과 결과는 계속 돌고 돈다'지만, 옛날에 아무 생각도 없이 했던 내 행동이 돌고 돌아 지금의 내게 큰 영향을 준 경우도 있다. 그렇기에 지금 이 순간을 소중히 여기고 최선을 다해야 한다. 가까운 이들과의 행동거지 하나 말 하나도 결코 소홀히 해선 안된다. 이처럼 '위험한 이웃' 문제는 우리에게 '살아가는 데 중요한 것'을 다시 한 번 상기시켜 주는 역할을 다한다.

사 람 은 죽 어 서
무 엇 을 남 길 까

생물학적인 관점에서 보면 인생이란 곧 '살아가는 것'이다. 태어나 성장하고 결혼해 후손(아이)을 남기며, 죽음을 맞이한다. 단순하게 말하면 그게 전부다. 이 말에 "인생에 아무런 의미가 없다"고 단언한 철학자 프리드리히 니체(Friedrich Nietzsche)를 떠올리는 사람도 있을 것이다. 당시의 세계관이나 기존 철학의 틀을 넘어 '선악의 피안(彼岸)'을 가리킨 그의 지적은 실로 날카로운 면이 있다.

그렇다곤 하나 우리 인간은 어떻게든 '인생의 의미'를 찾으려는 존재이기도 하다. 오스트리아의 정신과 의사 빅토르 프랭클(Viktor E. Frankl)은 '인생의 의미에 대해' 이렇게 말했다.

"우리가 인생의 의미를 묻는 게 아니라, 우리 자신이 그런 물음을 받은 사람으로서 체험되는 것이다. 즉, 우리가 인생의 의미를 추구할 필요는 없다. 인생은 직접, 우리에게 묻는다. 눈앞의 어려움이나 과제를 마주 하는 가운데 '인생의 의미'는 저절로 명확해지는 것이 아닐까."

'위험한 이웃' 문제는 사실 당신 자신의 문제라고 이 책의 서두에서 말했다. 그들은 당신의 '자유'와 '자존심'에 대해 당신에게 직접 묻는다. 이 같은 '인생의 질문'에 과연 우리는 진지하게 답할 수 있을까?

앞으로의 시대 우리는 어디로 나아갈 것인가? 그리고 당신 자신은 지금 무엇을 할 수 있을까? '호랑이는 죽어 가죽을 남기고 사람은 죽어 이름을 남긴다'는 말이 있다. 그것을 기반으로 '사람은 죽어 부끄러움을 남긴다'고 말하는 사람도 있다.

'일본은 부끄러움의 문화'라는 말을 들은 건 꽤 오래 전의 일이다. 그럼 에도 '주위에 폐를 끼치는 건 부끄러운 짓'이란 자각으로 일본인의 정신 윤리가 지켜진 실제 사례를 지진이나 홍수 때 사람들의 행동에서 볼 수 있 었다.

'위험한 이웃' 문제를 생각하면 재차 '내 안의 행동 기준'을 떠올리게 된 다. 나 스스로 '부끄럽지 않은 인생'을 걷고 있는지 자문해 보는 것이다. 어 떤 선배에게 '인생의 의미'에 대해 물으니 "인생은 여행"이라고 말했다. 그 러면서 '여행지에는 아는 사람도 없고, 오래 머물지도 않으니 무슨 짓을 하 건 상관없다(旅の恥はかき捨て)는 거지'라는 말을 더했다. "그러니까 그런 격 정할 필요가 없는 거야. 인생에는 아는 사람도 없고, 오래 머물지도 않으니 무슨 짓을 하건 상관없으니까(人生の恥はかき捨て)."

'역시 그렇구나.'

과연 우리는 죽어 무엇을 남길까?

병원을 찾은 이들의 말을 들어 보면, 인간관계 문제로 고통을 겪다가 '어쩔 수 없이' 치료를 받으러 오는 사람이 많다는 사실을 알 수 있다.

상사에게 매일매일 혼나서 자신감을 잃은 사람, 옆집 이웃과의 갈등으로 수면 부족에 시달리는 사람, 학교에서 괴롭힘을 당한 아들이 학교에 가기 싫다며 그 불만을 부모에 대한 폭언으로 풀려 해 고민하는 엄마….

이 같은 심신이 고통 받는 상황에 대해 약을 처방하고 상담하는 일이 필자의 일과다. 하지만 아무리 봐도 본인 책임이라고 볼 수 없는 경우가 많아, '본인의 치료만 계속해선 문제 자체가 해결이 안 될 거'라는 생각이 들었다.

여러 가지 이야기를 들어 보면 그 원인이 되는 '위험한 이웃', '위험한 상사'에게는 어떤 일정한 패턴과 캐릭터가 존재하는 듯 보였다. 사실은 자신이 없는데 필사적으로 '관리직' 자리에 붙어 앉아 있는 소심한 부장, 공감력이 떨어져 부하의 괴로움을 모른 채 제멋대로 지시만 내리는 상사, '엄마 친구'들 사이에서 자기보다 우수한 사람을 보면 무척이나 질투하고 싫어하는 여성….

수많은 사례들을 접하면서 '그런 상대방의 문제를 잘 파악한 뒤, 구체적인 대책을 세우는 게 중요하다'는 생각이 들었다. 그리고 '마마 카스트', '스쿨 카스트'에 대해 들은 적이 있어 '괴롭힘'이나 '혐오감'이 생기는 '장소(환경)'의 문제에 대해서도 직접 글을 써 보고 싶다는 생각이 들었다.

이 책은 그런 '고민을 가진 이들'의 의문이나 고뇌에 답할 목적으로 기획되었다. '위험한 이웃'의 폭이 넓고 각각 독자적인 문제가 있기 때문에 몇 가지 장으로 나눠 썼지만, 아직 해명되지 않은 과제도 많아 필자의 가설을 덧붙여 논의를 진행할 수밖에 없었다. 그 점은 독자 여러분들의 각별한 양해를 부탁드린다.

사실 필자도 '분위기를 잘 못 읽는' 사람 중 하나이기에, 지금까지 몇 번이고 사람들의 차가운 시선을 마주해 왔다. 하지만 그 덕에 다양하고 귀중한 체험을 쌓을 수 있어, 이후의 인생에 도움이 되는 면도 많았다고 생각한다.

그러므로 이 책은 '분위기 파악을 못 해 괴로워하는 이들', '분위기 파악을 못 하는 자신을 깨닫지 못한 이들'을 위해 쓴 것이나 다름없다. 그리고 '분위기를 지나치게 의식한 나머지, 어떻게 해야 할지 잘 모르는 사람'을 위해서도 썼다.

눈에 보이는 '위험한 이웃'과의 싸움은 눈에 보이지 않는 '분위기'와의 싸움이기도 하다. '왜 이렇게 된 걸까?', '도대체 앞으로 어떻게 해야 할까?' 이처럼 강한 '고민'과 출구가 보이지 않는 '고통' 해결에 이 책이 미력

하나마 '도움'이 된다면 필자로서는 더없이 기쁠 것 같다.

또 이 책을 위해 구체적인 사례를 제공해 주고 충고해 주신 많은 지인 분들에게 이 자리를 빌려 감사의 말씀을 드리고 싶다. 필자 혼자의 힘으로는 결코 이 책을 쓸 수 없었을 것이다. 아울러 완성되지 않은 원고를 오래 기다려 주신 출판사에게도 진심으로 감사 인사를 전한다.

마지막으로 "다음 책은 언제 나와요?", "정말 기대하고 있어요"라고 격려해 주신 많은 친구들과 환자분들에게도 감사 인사를 전한다. 이 책이 완성된 건 이런 분들의 관심과 격려 덕이라는 점을 이 자리에서 꼭 밝히고 싶다.

우메타니 가오루(梅谷薰)